J'AIME QUI JE SUIS !

Gaëtan
Canaveira

PAR L'AUTEUR
DU COMPTE
@BOUBOULE_42

J'AIME QUI JE SUIS !

LA VIE APRÈS LE HARCÈLEMENT

Avec la collaboration éditoriale
d'Arièle Bonte

SOLAR

SOMMAIRE

J'♡
qui JE
SuiS

Avant-propos

Aujourd'hui, j'ai la chance d'être en vie.

Malgré les insultes, malgré les moqueries, malgré les coups bas et malgré cette petite voix qui me disait que je méritais ce qui m'arrivait, qu'ils avaient peut-être raison en fin de compte, que je n'étais que « le gros de service ». Malgré tout cela, ils n'ont pas réussi à me donner envie de mourir, jamais.

Au contraire même, ils ont fait de moi ce que je suis devenu : une personne bien dans ses pompes, qui a fait de sa différence une force, mais aussi un combat.

Au fur et à mesure des années, j'ai appris à être heureux avec moi-même. Cet accès au bonheur, je le dois à mon parcours atypique et à mon vécu compliqué, jalonné d'obstacles. Au bout du chemin, je me suis trouvé, j'ai créé un monde qui est le mien, dans lequel je me sens bien.

C'est pour cela que j'écris ce livre : pas simplement pour étaler mon bonheur, non, mais pour partager cette lueur d'espoir avec celles et ceux qui souffrent aujourd'hui parce qu'ils sont victimes de harcèlement. Ça va aller mieux, je vous le promets.

Le harcèlement, qu'il ait lieu dans le milieu scolaire, dans le cadre professionnel ou en ligne, est un fléau encore trop présent dans notre société. Malgré les campagnes de prévention, la sensibilisation des professionnels ou la prise de parole des victimes, le tabou persiste. Trop de personnes restent isolées avec leur souffrance. C'est à elles que je souhaite m'adresser en premier lieu. Grâce à mon expérience et à mon parcours, je souhaite leur montrer que la vie ne s'arrête pas avec le harcèlement, que l'issue peut être heureuse, qu'elles aussi ont droit au bonheur et le droit de s'aimer autant qu'elles aiment la vie !

Je le dis souvent, mais j'ai cette chance de pouvoir témoigner. Il est de ma responsabilité d'œuvrer à mon échelle pour aider les victimes, mais aussi d'offrir de précieux outils aux amis, aux proches, aux familles, qui peuvent se sentir démunis face aux difficultés traversées par un enfant, un frère, une sœur, un neveu, une amie ou encore un collègue. Avec, à terme, cette envie plus grande encore : faire bouger les lignes.

Ces outils, je les ai puisés dans mon expérience, dans toutes ces (bonnes) habitudes que j'ai mises en place au fil des années dans mon quotidien. Il y en a d'autres que je suis allé chercher, pour l'écriture de ce livre, dans des ouvrages de référence sur les sujets allant de l'estime de soi au lâcher-prise. Enfin, pour aller encore plus loin, j'ai fait appel à une thérapeute, Gretchen Jakub, spécialiste des questions de harcèlement et d'emprise, ainsi que des pervers narcissiques. Ses interventions, au fil des pages, vous permettront de mieux comprendre les mécanismes derrière le harcèlement, mais aussi de vous redonner le pouvoir si vous en êtes victime.

Écrire ce livre représente aussi pour moi un travail thérapeutique, une introspection nécessaire qui arrive à point nommé dans mon parcours. Loin de moi l'idée de me positionner en psychologue — je laisse ce rôle à Gretchen Jakub —, je souhaite simplement me plonger dans mon histoire afin de vous restituer les clés de mon bonheur, de cette joie de vivre qui m'habite depuis tout petit et qui n'a cessé de briller, même dans les moments les plus difficiles.

Attention, ne croyez pas que vous êtes sur le point de lire un récit dramatique et plombant ! Oui, on le sait, le harcèlement est horrible à vivre, mais ce dont je veux surtout vous parler, c'est de ce qu'on peut faire après l'avoir vécu. Comment s'en sortir. Comment se regarder dans le miroir avec amour. Comment laisser de côté le dénigrement, la honte de soi, les pensées parasites… Je ne prétends pas détenir la clé ultime du savoir, mais je peux vous le dire : j'aime qui je suis et, si c'était à refaire, je recommencerai tout exactement de la même façon.

Tu es né·e
pour briller !

1

UN GARÇON DIFFÉRENT

Être différent paie, quoi qu'il en soit. Être soi-même et vivre honnêtement laissera toujours un héritage d'authenticité.

Lady Gaga

RÊVER GRAND

Parler est dans mon ADN

Avant d'entrer dans le vif du sujet, celui du harcèlement, je dois d'abord revenir sur mon enfance. Une période heureuse de ma vie, où je me suis construit en tant qu'humain et où mes parents m'ont laissé être qui je voulais : un garçon différent. Cette différence — mon extravagance, ma sensibilité, ma passion pour le chant et la musique, dont nous allons parler dans ce chapitre… —, mes proches l'ont toujours acceptée. Elle a également été un véritable levier d'action pour mes harceleurs : quoi de plus simple pour des enfants que de prendre pour cible un garçon pas comme les autres ? Alors laissez-moi remonter le fil et vous emmener au début de mon histoire.

Je suis né en plein été, le 3 août de l'année 1998. Mon père et ma mère sont déjà les heureux parents de deux garçons, de deux et huit ans. Je suis donc le petit dernier, et j'arrive dans une famille unie, où la parole est sacrée.

D'aussi loin que je me souvienne, le moment du repas à la maison est un rituel quotidien où l'on se retrouve tous les cinq à table, sans télévision. On prend le temps d'échanger, de se parler. Mes parents se demandent comment s'est passée leur journée, mais ils s'adressent aussi à mes frères et à moi. On parle du travail, de l'école, de l'actualité de mes stars préférées… Il n'y a jamais de silence, car il y a toujours quelqu'un pour dire quelque chose ! Le mieux, dans tout cela, c'est qu'on nous laisse nous exprimer et qu'on nous laisse penser avec liberté.

En grandissant, j'ai compris que toutes les familles n'étaient pas comme la mienne, et qu'on parlait peut-être davantage que dans les autres. Quand j'étais au lycée, par exemple, deux copines venaient déjeuner à la maison, car celle-ci se trouvait à deux pas de l'établissement. Quand elles nous voyaient à table, mes parents et moi, mes copines me disaient souvent : « C'est fou comme on parle chez vous ! » Chez elles, on n'échangeait manifestement pas autant.

Aujourd'hui encore, alors que mes frères et moi sommes tous adultes, on garde cette complicité dans notre famille. Avec ma mère, on a notre rituel café-clope sur le balcon, où on piaille sur nos vies ! Je lui raconte absolument tout ce qui se passe dans la mienne.

Au-delà de cet environnement familial propice à l'expression de soi, il paraît que j'ai toujours aimé parler. Ma mère vous raconterait sans doute que je savais aligner des mots pour en faire des phrases avant même de savoir marcher. J'étais un enfant curieux, alors je me suis mis très vite à poser des tonnes de questions à mon entourage. Une vraie pipelette !

J'étais aussi un petit garçon sensible et très terre à terre. Par exemple, quand ma mère a commencé à avoir des cheveux blancs et que je m'en suis rendu compte, je me suis mis à pleurer, car je pensais tout simplement qu'elle allait bientôt mourir. Pour le petit moi, les cheveux blancs renvoyaient à la vieillesse, et la vieillesse, à la mort. Or, la mort me paraissait la pire chose qui soit, car je trouvais la vie tout simplement incroyable. J'étais, il faut le dire, très content d'être vivant et foncièrement heureux ! Tout m'émerveillait… et tout m'émerveille encore ! J'étais fasciné par ce qui m'entourait, curieux de tout, et je prenais la vie avec une forme de légèreté et d'insouciance joyeuse.

Mes parents ont dû sentir très tôt cette fragilité, aussi m'ont-ils construit, avec mes frères, un cocon douillet, un foyer où je pourrais m'exprimer comme je suis et profiter de la vie au jour le jour, sans jamais me poser de questions. Malgré leur vécu lourd et leurs difficultés à joindre les deux bouts, mes parents ont fait en sorte de me transmettre la joie du quotidien. Ils ont été très fêtards et ont bien profité. Mes frères et moi n'avons jamais été privés, et ils nous ont toujours dit que, même si parfois la vie était compliquée, tout finirait par s'arranger. Cet optimisme à toute épreuve a façonné mon propre rapport aux difficultés rencontrées tout au long de mon parcours de vie. On en reparlera.

Ce qui m'a aussi donné ce goût à la vie, c'est une amitié. Quand j'avais sept ou huit ans, ma meilleure amie s'appelait Jeanine et elle avait soixante-dix ans ! Ça paraît improbable, mais on passait beaucoup de temps ensemble à promener son chien, Rocky, ou à prendre le goûter tous les deux après l'école. Je me rendais aussi régulièrement avec elle au chevet de son mari, Henri, un homme très malade. C'est aussi cela, je crois, qui m'a donné le goût du soin des autres. Ce sont des souvenirs incroyables de mon enfance, car, même s'il y avait entre nous une très grande différence d'âge, on se comprenait tellement ! Peut-être même mieux qu'avec certains camarades de l'école, avec lesquels je me sentais déjà en décalage. Leurs centres d'intérêt et leurs discussions étaient bien différents des miens. Même si je n'étais pas à l'écart à proprement parler, je m'ennuyais beaucoup en leur compagnie. J'ai cette image de moi, dans la cour de l'école, entouré mais me sentant définitivement seul. Cette sensation, elle m'accompagnera de nombreuses années par la suite, mais je ne l'ai jamais vécue comme une fatalité.

La cour de récré comme scène de spectacle

Si je me sens seul et incompris à cette période de mon enfance, c'est parce que je ne vis que pour mon amour de la musique, des paillettes et des concerts que je donnerai plus tard, quand je serai grand. Et ça, cela n'intéresse pas vraiment les enfants de mon âge, et surtout pas les garçons. Eux, ils préfèrent se battre, jouer au foot et parler des derniers animés vus à la télé. De mon côté, je n'ai qu'une hâte : être à la fin de la journée, rentrer chez moi, allumer mon ordinateur et commencer mon concert devant mes fans. Les chansons de Lady Gaga, de Rihanna, de Beyoncé et de Katy Perry forment ma propre discographie, et mes peluches deviennent mon public en délire.

Comment j'en suis arrivé à me faire ces scénarios fous dans ma tête ? Depuis tout petit, je baigne dans la musique. Je suis arrivé dans une famille où, du côté de ma mère, tout le monde chante. Mes tantes, mes cousins, mes cousines, mes grands-parents, ma mère bien sûr, mais aussi mes frères. On a même des hymnes de famille qu'on chante régulièrement à l'occasion d'un anniversaire ou d'un repas passé ensemble. Ce sont toujours des moments forts et de partage, qui me font me sentir bien et qui nous rapprochent forcément.

À l'école primaire, je découvre en parallèle que ma meilleure amie depuis la maternelle, Chryne, chante, et même plutôt bien ! Je suis émerveillé par sa voix et je me dis que, moi aussi, je veux chanter avec elle. C'est là, alors que j'ai environ huit ans, que je découvre *Popstars*. Il s'agit d'une émission diffusée à la télé sur M6 et W9, un télécrochet où des anonymes doivent montrer leurs talents en chant et en danse devant un jury de professionnels. À la clé ? Un contrat dans une maison de disques et l'espoir de commencer une carrière dans une voie qui me fait rêver. Les L5 sont les premières à se faire connaître, puis il y a le groupe Linkup avec M. Pokora, qu'on ne présente plus. En 2007, M6 diffuse la saison 4 de *Popstars* avec l'excentrique chorégraphe Mia Frye et la chanteuse Ophélie Winter comme membres du jury. Je les imagine réagir à mes propres prestations, mais aussi m'encourager à poursuivre ma passion pour la musique et la scène.

À chaque diffusion d'émission, je suis devant mon poste de télévision. Je n'en manque pas une et, le lendemain, je débriefe l'épisode avec Chryne. Ensuite, c'est à notre tour. On reprend les chansons interprétées par les candidates et les candidats, et on s'y croit ! Les pop stars, c'est nous, et personne d'autre. Notre cour d'école devient notre salle de spectacle, nos récréations se transforment en concerts et nous passons ce temps hors des salles de classe à jouer ensemble, sans nous soucier de ce qui se passe autour de nous.

Très vite, de retour chez moi, je me connecte sur YouTube et je découvre les stars qui constituent depuis le panthéon des artistes qui me font vibrer : Whitney Houston, Mariah Carey, Lady Gaga, Beyoncé, Rihanna, Katy Perry… Quand j'écoute « Umbrella », « Just Dance » ou encore « Crazy in Love », j'ai des papillons dans le ventre. Je me rends alors compte que ce que j'entends me fait du bien, et je comprends que la musique peut être thérapeutique. Consciemment, je me dis que je vais faire en sorte que cette passion fasse partie de ma vie. Je me dis : « N'arrête jamais d'écouter, n'arrête jamais de chanter. » C'est une promesse que je tiens toujours, même des années plus tard, car les chansons ont un pouvoir : elles m'aident à apaiser mes émotions ou, au contraire, à les vivre pleinement.

Si la cour de récréation est une salle de spectacle, les autres élèves ne sont pas forcément notre public. Avec Chryne, on vit notre passion pour la musique et pour *Popstars* en *featuring*. Personne ne comprend vraiment ce qu'on expérimente à ce moment-là, mais on ne cherche pas non plus à ce qu'on nous comprenne. Lorsqu'on reproduit les chansons chantées par Sheryfa Luna, la gagnante de la saison 4 de *Popstars*, on est l'un avec l'autre, l'un pour l'autre. On s'est créé une bulle et on vit notre passion dans une insouciance agréable. Pour moi, il s'agit d'un véritable moment suspendu, presque magique, où le regard des autres n'existe plus. Car, à l'époque, j'ai déjà conscience du poids de ce regard.

Je suis pourtant très jeune, mais je m'inquiète de la façon dont je me tiens, dont je m'habille et dont je m'exprime. Je me juge tout le temps et j'essaie d'agir en fonction de l'impression que je veux donner aux autres enfants de l'école. J'ai peur de ne pas être assez bien, qu'on remarque trop ma différence. Avec ma meilleure amie, c'est autre chose. Quand on joue ensemble, j'oublie tout ça, ce qui me préoccupe et me gêne me concernant. Elle ne le sait pas, et peut-être que je le lui apprends si elle lit ces lignes, mais c'est elle qui m'a permis d'oublier ces pensées parasites le temps d'une récréation. Quinze minutes, c'est court, je sais, mais c'était quinze minutes où plus rien d'autre ne comptait que nous et notre passion. Je donnerais beaucoup pour revivre ces moments-là, cette insouciance précieuse qui, malheureusement, allait vite disparaître de mon quotidien.

La chanson que j'écoute quand…

… je suis content : « Flowers » (Miley Cyrus)
… je suis en colère : « Venus » (Lady gaga)
… je suis triste : « Impossible » (James Arthur)
… j'ai peur : « Bohemian Rhapsody » (Queen)
… j'ai besoin d'un coup de boost : « About That Time » (Lizzo)
… j'ai un crush : « Lay All Your Love On Me » (ABBA)
… j'ai besoin de tendresse : « La Mer » (Saskia)
… je suis fier : « Born This Way » (Lady Gaga):
… je suis fatigué : « Hopelessy Devoted to You » (Olivia Newton John)
… je suis anxieux : « Stay With Me » (Sam Smith)
… j'ai du chagrin : « Million Reasons » (Lady Gaga)
… je suis déprimé : « Feeling Good » (Michael Bubble)
… je suis mélancolique : « One and Only » (Adele)
… je me sens seul : « Happier Than Ever » (Billie Eilish)
… j'ai besoin de courage : « Sorry Not Sorry » (Demi Lovato)

Dès que je suis triste, en colère ou heureux, je sais quel morceau je dois écouter pour mon bien-être. Si la musique fait autant de bien, c'est parce qu'elle libère dans l'organisme de la dopamine, l'hormone du plaisir[1]. Selon le genre de musique écouté, on peut aussi favoriser le calme, le sommeil, une forme de relaxation ou encore chasser les pensées négatives. En d'autres termes, écouter de la musique permet d'agir sur son bien-être, de renforcer une émotion ou de la laisser s'exprimer pour mieux s'en libérer ensuite. Je vous invite à répertorier ici ou ailleurs votre playlist pour y revenir en cas de besoin, lors d'un moment difficile par exemple ou lorsque vous avez besoin de surmonter un petit coup de mou.

1. « La musique, un outil de détox émotionnelle », Claire Sejournet, *Psychologies Magazine*, le 22 février 2021.

Ma capacité à me projeter

Si je vais rapidement m'éloigner de cette insouciance enfantine, une faculté va toutefois me sauver. Quand je joue à *Popstars* avec ma meilleure amie, je comprends assez vite que je veux rêver et voir les choses en grand.

Alors que la maîtresse déroule son cours de mathématiques en classe, je suis assis au dernier rang côté fenêtre et je m'imagine à l'un de mes concerts. La scène est grande, bien sûr, des spots de lumière sont braqués sur moi, une horde de danseuses et de danseurs costumés m'accompagne au rythme de mes chansons. Et puis, il y a le public ! Je l'entends chanter avec moi pendant toute la durée du concert. Mes fans connaissent toutes les paroles de mon album ! J'en suis fier et ému à la fois. À la fin du show, mon équipe me félicite dans les coulisses. J'ai le temps de reprendre mon souffle, de boire un peu d'eau et de me changer, puis je file retrouver mes fans. Ils m'attendent patiemment depuis de longues minutes dans la nuit. Je leur signe des autographes, on prend des photos ensemble et je reçois leurs cadeaux avec émotion. De nouvelles peluches qui rejoindront celles de mon enfance. Mon premier public.

Des paillettes, de bonnes *vibes* et de la joie partagée, voilà comment j'imagine mon avenir, assis devant mon bureau d'écolier en train de recopier d'un air distrait mes tables de multiplication. La scène se répète au fil des heures de la journée, mais mon quotidien reste le même. Quand je me réveille, le matin, je suis toujours le garçon le plus heureux du monde. Et le soir, c'est pareil : je suis tellement content de ce qui m'arrive, de mes ambitieux projets, que je m'endors avec d'autres rêves plein la tête.

Ces scénarios grandioses sont les premières manifestations d'un talent que j'ai, et qui, comme je le disais plus haut, me sauvera par la suite : ma capacité à me projeter. Dans ces moments-là, je n'ai pas besoin d'être entouré pour me sentir heureux et comblé. Bien sûr, j'adore passer du temps avec mes amis et mes proches, mais la solitude ne me fait pas peur. Au contraire, même. J'aime être seul parce que, dans ces moments de silence, loin des autres et du bruit, je construis ma place dans le monde, j'imagine mon avenir et je rêve à mon destin d'artiste… le tout aidé d'une brosse à cheveux et, en fond sonore, le clip d'une de mes icônes préférées.

En dehors de ces moments musicaux qui n'appartiennent plus qu'à moi, j'évolue et je grandis du mieux que je peux. Je suis toujours ce garçon heureux de vivre, un brin naïf. Cette période de ma vie m'est très chère, quand j'y repense. Avec le recul, je constate que je n'ai pas tellement changé, que tout était déjà là, en moi. L'homme que je suis devenu n'existerait pas sans l'envie de vivre pleinement du petit garçon que j'étais et sans ses grands rêves pailletés. Aujourd'hui, je garde cette même envie de faire du bien aux « foules », d'être dans la lumière et de profiter des petits riens du quotidien. Je cultive cette âme et ces rêves d'enfant, parce que je sais que c'est ce qui m'a longtemps préservé de la violence du monde. C'est ce qui me protège et me permet de rester en accord avec mes valeurs et avec qui je suis, cette personne qui sait se mettre à la place des autres.

Envie de tester ?

Dix ans plus tard

J'en ai conscience : ma capacité à me projeter est un véritable cadeau de la vie. C'est une caractéristique de ma personnalité que je n'ai pas choisie, comme de nombreuses autres, et qui peut être particulièrement utile pour les enfants qui vivent des événements difficiles, que ce soit à l'école ou à la maison.

Un enfant ou un ado n'expérimente pas le temps comme un adulte. Une année scolaire peut paraître interminable, et il peut alors être difficile de prendre du recul quand on vit tous les jours des brimades ou des insultes. Pour sortir de cette boucle infinie, essayez de faire l'expérience du « rêver grand ». Pour cela, voici un exercice à faire chez vous, dans votre chambre ou dans tout autre lieu dans lequel vous vous sentez bien : cela peut être sur un banc dans un parc, dans votre café préféré ou même dans le train. L'important, c'est que vous preniez ce temps pour vous, que vous soyez dans un environnement familier et positif.

Allez, c'est parti ! Prenez un carnet ou des feuilles de papier, un stylo, et installez-vous confortablement. Sans trop réfléchir, compléter cette phrase : « Dans dix ans, je serai... »

N'ayez pas peur de vous lancer, soyez précis, créatif, et jetez les mots sur le papier comme ils vous viennent. On s'en fiche, si c'est mal écrit, s'il y a des ratures ou des répétitions, si ça part dans tous les sens ! L'important, c'est de vous projeter et d'être très explicite sans pour autant être réaliste. Vous avez envie d'aller dans l'espace ? Imaginez-le et écrivez-le sans pudeur. Aucun astronome n'ira vérifier que votre imagination est cohérente avec la réalité. Faites cet exercice pour vous, et seulement pour vous. À la clé ? Vous allez stimuler votre imagination et votre créativité, mais aussi vous projeter dans un environnement sain, dans un futur heureux et positif.

Attention, je ne peux pas vous assurer que ce que vous allez imaginer va forcément se réaliser. Probablement que vous n'irez jamais dans l'espace (et encore, regardez Thomas Pesquet...), mais cet exercice vous donnera un cap et vous permettra de voir au-delà du petit monde qu'est celui d'une cour d'école. Pour ma part, est-ce que je donne des concerts à guichet fermé ? Suis-je parti en tournée mondiale ? Ai-je gagné trois Grammy Awards ou rempli le Stade de France ? Non, et pourtant ma vie ressemble exactement à ce que je souhaitais dans ma chambre quand j'interprétais « Born This Way », de Lady Gaga, pour la énième fois. J'ai trouvé mon chemin, je fais du bien aux gens et c'est tout ce qui m'importe. Mes rêves de grandeur m'ont permis d'être là où je suis aujourd'hui.

Revenez à cet exercice quand vous aurez besoin de relativiser ou de prendre du recul dans un moment difficile. Vos envies changeront peut-être au fil des ans, ou seront tout à fait identiques. Là encore, chaque personne est différente et il n'y a pas une seule et bonne façon d'imaginer sa vie dans dix ans. Vous pouvez partir sur le volet professionnel, sur le volet créatif, personnel ou philanthropique… ou tout cela à la fois si vous le sentez ! Laissez-vous porter et n'ayez pas peur de vous projeter. Pour une fois, c'est vous qui décidez entièrement de ce qui va arriver, et vous pouvez faire en sorte que tout se passe bien, exactement comme prévu. Pourquoi s'en priver ?

JE SUIS UNE ÉPONGE

Qu'est-ce que l'empathie ?

« Gaëtan, tu es trop sensible ! » Cette remarque, je l'ai entendue toute ma vie. Ce n'est ni un compliment ni un reproche, mais plutôt une mise en garde. Attention à toi, Gaëtan, tu risques de te brûler les ailes avec tes sentiments et ta sensibilité. Mais qu'est-ce que je peux y faire, moi, si j'aime les gens, que je ressens et partage leurs joies, leurs peines, leurs colères et leurs peurs ? Je suis une éponge, c'est comme ça. Dans un autre registre de langue, on dira que je fais preuve de « sympathie » ou que je suis « sympathique ». Cela ne veut pas dire que je suis un bon pote (même si c'est le cas !), mais que je ressens les émotions des autres comme s'il s'agissait des miennes.

Je comprends très jeune, dès l'enfance à vrai dire, qu'il n'est en effet pas normal pour mon âge de ressentir autant de peine et de tristesse dans des situations qui ne me concernent ni de près ni de loin. Un jour, une copine de classe du collège apprend la mort de son grand-père. Une réaction normale voudrait qu'on ait de la peine pour elle et qu'on la soutienne du mieux qu'on peut. Moi, je pleure avec elle, je me sens triste comme s'il s'agissait de mon propre grand-père. La douleur s'empare de moi. C'est ce qu'on appelle « être en sympathie » ou « être sympathique ».

Quand je pleure la mort de ce grand-père qui n'est pas le mien devant mes camarades de classe, je me mets à nu devant eux pour la première fois. Cet épisode enclenche le reste : puisque j'ai pleuré une fois devant eux, je peux le faire encore et encore. Le filtre de mes émotions tombe. Sans m'en rendre compte, j'offre à celles et ceux qui m'entourent une information importante à mon sujet : je suis un garçon très sensible.

Une autre fois, alors que je suis en troisième, mon collège organise un échange avec des élèves espagnols. Comme j'ai pris la décision de ne pas m'impliquer dans ce projet, je ne reçois pas de correspondant chez moi et je ne vais pas non plus me rendre en Espagne en retour pour visiter leur collège et leur pays. Pourtant, quand est arrivé le jour du départ des élèves espagnols après leur semaine passée à nos côtés, je le vis comme une tragédie, alors même que je n'ai participé en rien à l'ensemble du projet, je le rappelle ! Je pleure énormément, au point que des professeurs doivent venir me rassurer et me dire que tout va bien se passer.

Cette façon d'exprimer mes émotions sans filtre, et notamment la tristesse, m'a desservi au cours de ma scolarité. Je suis devenu le garçon qui pleure en toute occasion, et c'est devenu un jeu, pour les autres, que d'essayer de me faire pleurer, de voir jusqu'où je pouvais résister. Leurs armes, on en parlera plus précisément dans le chapitre suivant, prenaient la forme d'insultes et d'attaques gratuites sur ma personne, mon physique, ma personnalité. Mais vous savez quoi ? Ils n'ont jamais réussi à me faire pleurer pour ça. Je n'avais pas envie de leur donner cette satisfaction. J'ai pleuré pour plein de raisons dans ma vie, mais pas pour celle-là.

Si je vous parle de ce sujet, de cette forme de sensibilité, c'est parce que je ne voyais pas autour de moi d'enfants qui me ressemblaient sur ce point, en particulier les jeunes garçons. Ma sensibilité me tenait, une fois encore, à l'écart du groupe. C'est elle qui, je le sais, a aussi fait de moi une cible de choix pour mes futurs harceleurs.

En grandissant, grâce au travail que j'ai fait sur moi, mais aussi au recul que j'ai pu prendre sur toutes ces années, j'ai compris que ma sensibilité était une force et un atout de ma personnalité. Certes, je peux parfois encore me sentir dépassé par les événements qui me touchent de près ou de loin, mais je peux aussi, désormais, faire la part des choses entre les émotions d'une personne de mon entourage et les miennes. Dans ces cas-là, on ne parle plus de sympathie, mais d'empathie.

Empathie : *capacité de s'identifier à autrui, de ressentir ce qu'il ressent**.

* Définition du dictionnaire Le Robert.

Autrement dit : l'empathie permet de s'ouvrir aux autres, de se mettre à leur place et donc d'être plus indulgent ou de bon conseil, selon la situation. Quand un ami me confie une épreuve difficile, j'active mon empathie : je me mets à sa place, ce qui me permet de mieux le comprendre, d'être objectif et de le guider.

Souvent, l'empathie est confondue avec la sympathie. Sur les réseaux sociaux, d'autres fois, elle est présentée comme une particularité unique, qu'une poignée d'élus peuvent activer pour faire le bien dans le monde. Or, bonne nouvelle, il n'y a pas besoin de faire partie d'une élite ou d'être un mutant pour faire preuve d'empathie. En fait, l'empathie est même innée chez l'être humain. C'est en tout cas le point de vue de Serge Tisseron, psychanalyste et psychologue[1].

Pour lui, l'empathie peut même faire autant de bien que de mal. Il s'agit d'un outil et, comme tous les outils, tout dépend de son utilisation (ce livre ne vous apprendra pas à manipuler les autres grâce à l'empathie !).

Tout le monde peut donc être cet ami qui écoute, et je crois même que tout le monde devrait apprendre à cultiver son empathie, et ce dès le plus jeune âge. Il me semble que cela m'aurait évité nombre de situations tristes durant mon enfance.

Les superpouvoirs de l'empathie

Alors, oui, l'empathie n'est pas réservée à une poignée de personnes privilégiées, mais pour moi elle regorge tout de même de superpouvoirs. De là à dire que nous aurions tous la possibilité d'être des superhéros…

1. *L'Empathie au cœur du jeu social*, Serge Tisseron, Albin Michel, septembre 2010.

Pouvoir n° 1 : des bienfaits instantanés
Lorsqu'on fait preuve d'empathie pour aider autrui (et non pour le manipuler), on comprend tout de suite quels sont les effets bénéfiques. On peut même être témoin de ces bienfaits de façon quasi instantanée : grâce à une écoute empathique, éventuellement assortie de quelques conseils, une personne triste ou en colère va très vite se sentir mieux ; ses larmes sécheront, sa rage s'envolera.

Pouvoir n° 2 : un outil de connaissance de soi
Lorsqu'on veut se mettre dans les pompes de quelqu'un d'autre, on doit plonger à l'intérieur de soi. Une personne qui a une réaction excessive face à une situation qui nous paraît insignifiante nous force par exemple à nous poser des questions essentielles : « Et toi, qu'est-ce que tu ferais à sa place ? Comment réagirais-tu ? Quelle décision prendrais-tu ? »

Pouvoir n° 3 : plus de confiance en soi
C'est logique : plus j'apprends à me connaître et plus j'ai confiance en qui je suis. Bien sûr, cela ne veut pas dire que je suis l'homme le plus parfait de la terre. Comme tout le monde, j'ai des préjugés et des choses à apprendre continuellement sur la société qui nous entoure. Exercer mon empathie me permet d'avoir conscience des progrès qu'il me reste à faire, et donc d'évoluer et de m'améliorer en tant qu'être humain.

C'est grâce à cela que je peux aujourd'hui me positionner ouvertement en société lorsque j'entends une remarque sexiste, grossophobe ou encore raciste. Les « blagues » discriminantes n'ont pas leur place dans mon quotidien, tout simplement parce que je sais me mettre à la place de celles et ceux qui pourraient les entendre et en être blessés. Je veux leur éviter cette peine inutile, qui, je le sais trop bien, peut faire bien des dégâts.

Pouvoir n° 4 : s'ouvrir au monde
Enfin, grâce à l'empathie, on comprend qu'il ne tourne pas autour de soi. Eh oui ! Il existe des personnes qui ne pensent pas comme vous, qui ne voient pas la vie comme vous : l'accepter est très enrichissant.

Au contraire, quelqu'un qui ne cultive pas son empathie ne peut pas aimer le monde et les autres comme il faut. Bien sûr, s'accorder le droit d'être égoïste est important et nécessaire pour préserver sa santé mentale, mais se couper totalement de son empathie, c'est aussi se couper des autres comme de soi. C'est être dans le refus du partage, le rejet de la curiosité et de la différence.

Tout au long de mon parcours de vie, j'ai rencontré des gens qui manquaient d'empathie : des camarades de classe, mais aussi des profs, des collègues de travail, des professionnels de santé et des internautes sur les réseaux sociaux. J'aurais pu me perdre en chemin, moi aussi, mais j'ai vite compris que les gens qui me faisaient du mal s'en prenaient en réalité à eux-mêmes plus qu'à moi. J'ai décidé que leurs agissements à mon encontre n'allaient pas dénaturer qui j'étais. Oui, ils ont eu un impact sur moi, mais ils m'ont aussi donné une raison de m'améliorer au quotidien, pour devenir qui je suis aujourd'hui.

Envie de tester ?

Mes conseils pour cultiver son empathie au quotidien

- Se poser régulièrement la question : « Et moi, qu'est-ce que je ressentirais si j'étais à sa place ? »
- Éviter d'interrompre une personne lorsqu'elle parle pour donner son avis ou parler de soi : lui laisser le temps de s'exprimer.
- Lire des livres de fiction : c'est simple, et pourtant la lecture de fiction permet de développer plusieurs compétences, dont la capacité à faire preuve d'empathie. Ce n'est pas moi qui le dis, mais deux chercheurs, David Comer Kidd et Emanuele Castano, de la New School for Social Research[1].
- Suivre sur les réseaux sociaux des personnes qui ne vous ressemblent pas, qui n'ont pas le même profil, le même parcours de vie ou les mêmes opinions que vous. Mais attention, mieux vaut être déjà ouvert d'esprit avant de se confronter à d'autres points de vue ! Et rappelez-vous, si un propos tenu sur les réseaux sociaux (ou ailleurs) vous énerve, demandez-vous pourquoi. Les enseignements tirés de ce questionnement peuvent être riches...

1. « Reading Literary Fiction Improves Theory of Mind », article publié dans la revue *Science*.

Pour terminer cette partie, je veux vous parler d'un problème que je rencontre au quotidien (et c'est peut-être votre cas à vous aussi) : j'ai parfois l'impression que mon empathie va trop loin. Dans certaines situations, en effet, des pensées à propos de mon comportement tournent en boucle dans ma tête. Je me mets tellement à la place des autres que je développe une peur irrationnelle de mal faire, de blesser sans m'en rendre compte les gens que j'aime et donc, *in fine*, d'être une mauvaise personne. Pour vous donner une idée, voici les pensées qui s'invitent parfois en non-stop dans ma tête :

- Est-ce que tu as été assez gentil ?
- Est-ce que cette personne se sent bien ?
- Est-ce que tu peux faire mieux ?
- Comment est-ce que tu peux faire mieux ?
- Que peux-tu faire de mieux ?
- Est-ce que tu es assez présent pour tes amis ?
- Et pour ta famille ?
- …

Si j'ai le malheur de braquer un ami, même pour une broutille, je le vis tellement mal ! Je me remets en question cent cinquante fois. Même sans désaccord, j'ai peur de faire du mal, de mal me comporter avec mes proches.

Cette pratique intensive de l'introspection me permet cependant de me donner une mission : chaque jour, j'essaie d'être meilleur que la veille. Pour moi, cette notion de progression est très importante, et c'est ce qui me permet de me dire que ce que je ressens m'aide au quotidien. Que tout cela existe pour autre chose que me faire tourner en bourrique ! Comme j'ai peur de mal faire et d'être blessant, je ne cesse de vouloir m'améliorer et de faire du bien autour de moi. Imaginez maintenant un peu que tout le monde fasse comme moi. Pas se remettre en question à chaque seconde de sa vie, non, c'est trop épuisant ! Je vous parle de cette faculté à se mettre à la place des autres, à les écouter, à les accepter comme ils sont. Imaginez maintenant que ce trait de caractère soit encouragé dès l'école primaire, puis mis en valeur dans le monde du travail... Croyez-vous que j'aurais vécu tout ce que j'ai vécu et que je m'apprête à vous raconter ?

Je crois profondément que le fait de cultiver l'empathie auprès des jeunes et dans le monde du travail nous permettrait à tous et à toutes de mieux vivre au quotidien, de réduire la violence, le harcèlement et la souffrance des gens. Le monde ne serait pas parfait, les violences ne seraient pas réduites en un claquement de doigts, mais on tendrait vers le mieux, et c'est ce que je souhaite à notre société.

Cultiver l'empathie à l'école (et ailleurs)

Cette volonté de transmettre l'empathie à l'école, je ne l'ai pas inventée. Ça existe déjà ! Au Danemark, les enfants de six à seize ans suivent, en plus des matières habituelles, comme les mathématiques, l'histoire ou la géographie, des cours (vous me voyez venir...) d'empathie ! Et cela n'a rien d'une nouveauté : ces cours sont obligatoires de l'école primaire au lycée depuis les années 1990. Ils ne ressemblent pas aux matières classiques : il s'agit en vérité de moments que les élèves doivent passer ensemble. Des discussions et des activités collectives sont menées en groupe afin de résoudre des problèmes, d'apprendre aux élèves à communiquer, à échanger et à partager leurs émotions. Bien sûr, les cours d'empathie, quand ils existent, n'empêchent pas le harcèlement scolaire, mais ils offrent une solution, parmi d'autres, pour enrayer ce phénomène et accompagner les victimes.

Le Danemark n'est pas le seul pays d'Europe à former ses enfants à l'empathie. La Belgique et la Finlande ont également mis cette matière à leurs programmes scolaires. Malheureusement, cette idée n'a pas encore traversé les frontières jusqu'à notre école républicaine.

En France, des initiatives similaires, mais plus ponctuelles, sont mises en place dans certaines écoles. Il y a par exemple le « banc de l'amitié », installé dans un établissement près de Nantes[1]. Le concept est simple : si un enfant se sent isolé et souhaite trouver des compagnons de jeu pendant la récré, il lui suffit de s'asseoir sur ce banc. Grâce à cela, les besoins de l'enfant sont tout de suite identifiés par les autres. Ils peuvent lui proposer de rejoindre leur groupe, ou l'un d'eux peut s'asseoir sur le banc pour engager la conversation. L'outil est simple, pratique et original. En cas de besoin, un adulte peut également intervenir pour recueillir la parole de l'enfant et proposer au groupe une idée de jeu ou d'activité collective.

Il existe d'autres initiatives, d'autres solutions et même des exercices à destination des adultes comme des enfants pour stimuler l'empathie, et donc réduire les risques de harcèlement scolaire. Si le sujet vous intéresse, je vous invite à vous renseigner auprès des Petits Laboratoires d'Empathie, une fédération d'associations pour développer l'empathie.

Imaginez maintenant une société où les enfants sont activement éduqués à l'empathie. Peut-être que nos rapports humains seraient plus sains. Peut-être que la violence dans les cours d'école, mais aussi au travail, serait moins présente. Peut-être que les gens seraient plus heureux. Et peut-être que nous épargnerions la vie de celles et ceux qui estiment ne plus avoir la force de vivre à cause du harcèlement.

1. Source : M6 Info.

« TU N'ES PAS NORMAL »

Le regard des autres

J'ai raconté que, lorsque j'étais petit, j'étais très heureux de vivre. Pourtant, déjà à ce moment-là, je sens ma différence. Mes goûts, ma sensibilité, mon amitié avec Jeanine, mon envie de prendre soin des autres, ma fascination pour les chanteuses et mon incapacité à être intéressé par les conversations ou les activités de mes camarades masculins : je me rends compte que je ne rentre pas dans la case du petit garçon typique de mon âge. Je ne suis pas dans la norme, nulle part, et cela infuse tout doucement dans ma conscience. Est-ce que c'est parce que je ne vois personne qui me ressemble dans les fictions que je regarde à la télévision ? Est-ce parce que je suis très conscient de qui je suis ? Est-ce parce que je sens l'écart se creuser avec les enfants de mon âge ?

Petit à petit, le regard des autres devient important pour moi. Alors je fais attention. Je fais attention à comment je me tiens, à comment je parle, à comment je m'habille. Cela n'a pas encore d'impact négatif sur moi, comme ça en aura plus tard. Je garde mon insouciance malgré ma peur du regard des autres.

« Et toi, tu préfères les filles ou les garçons ? »

Comme je vous l'ai déjà raconté, à l'école, je passe mon temps à chanter dans la cour de récré avec ma bestie. Il faut nous imaginer, deux gamins de huit-neuf ans, en train d'enchaîner les mouvements de bassin, avec une trousse en guise de micro. Dans nos têtes, on est devant des milliers de fans en délire, mais en vrai on se tient à l'écart. Quelques mètres carrés de bitume nous suffisent pour vivre notre rêve d'artiste. Un peu plus loin, les garçons prennent possession de la majorité de l'espace de la cour de récré. Ainsi, ils peuvent jouer au foot, au ballon, se poursuivre et se chamailler sans personne pour les inquiéter. Autour d'eux, le long des murs, les groupes de filles vaquent à leurs occupations. Je sais que c'est cliché, mais elles discutent de vêtements, de maquillage, de la sortie de tel nouveau parfum et de ces émissions de téléréalité qui deviennent de plus en plus nombreuses et populaires. D'autres groupes jouent à la corde à sauter, au saut à l'élastique, à la marelle et autres petits jeux de cour de récré labellisés « pour les filles ».

Je remarque alors un truc : les filles et les garçons de mon école ne se mélangent pas. L'espace est réparti entre elles et eux, et il est rare qu'un individu d'un groupe se rende dans le camp de l'autre. De manière générale, dans ma cour de récré, les garçons sont en mouvement, ils occupent la majeure partie de l'espace, plutôt au centre, tandis que les filles sont à la périphérie, statiques. Elles favorisent la parole, les échanges et la discussion plutôt que la pratique d'une activité sportive.

Cette répartition très genrée de l'espace dans la cour de récré de mon école primaire n'a rien d'unique. Ça se passe comme cela dans la majorité des établissements scolaires français. L'avez-vous remarqué vous aussi ?

Même si les écoles sont mixtes depuis les années 1960 (ce n'est pas si vieux !), les filles et les garçons ne se mélangent pas vraiment lors des temps dédiés au jeu et aux loisirs. C'est ce qu'a observé la géographe Édith Maruéjouls, qui accompagne les collectivités pour promouvoir l'égalité dans les cours de récré. Dans un entretien accordé au *Monde*[1], elle explique que la mixité dans les cours de récréation est une « exception ». Elle parle même d'une forme de « ségrégation » où « les garçons occupent une place centrale, alors que les filles sont reléguées aux coins ». La faute à l'aménagement des cours d'école, selon elle. Installer un terrain de football dans une cour encourage ainsi les garçons (qui ont été habitués à pratiquer davantage ce sport que les filles) à prendre

1. « Dans les cours de récréation, les filles sont invisibilisées », Cécile Bouanchaud, *le Monde*, 16 septembre 2018.

l'espace, tandis que les filles, mais aussi les enfants non « conformes », comme ceux en surpoids, ne se sentent pas légitimes à le faire et doivent se contenter des miettes que leur laissent les joueurs de foot.

C'est mon cas. Comme je ne joue pas avec les autres garçons, que je suis sur les côtés de la cour et que j'aime chanter, mes camarades d'école s'interrogent très tôt sur ma sexualité.

« Et toi, tu préfères les filles ou les garçons ? » C'est la question qu'on m'a posée le plus souvent au cours de ma vie. La première fois, je suis tellement jeune que je ne suis même pas au courant qu'on peut aimer quelqu'un ! Je ne comprends pas le sens de cette question, et je réponds très sincèrement à mes camarades que j'aime tout le monde ! Il m'est impensable de choisir et de décider qui j'aime et qui je n'aime pas parce que, pour moi, les verbes « aimer » ou « préférer » n'ont pas la signification que leur donnent mes camarades de classe.

Si ma sexualité les interpelle aussi tôt dans ma vie, c'est parce que mon comportement ne colle pas aux stéréotypes masculins. Dans mon école, comme dans beaucoup d'autres, les garçons qui ne jouent pas au foot sont traités de filles. Et, croyez-moi, ce n'est pas un compliment. Sexisme et homophobie : même combat. Dans les deux cas, on est des « sous-garçons », des êtres fragiles, peu dignes d'intérêt et dont on peut se moquer pour faire valoir sa supériorité dans la terrible hiérarchie des cours d'école.

Remarques entendues à l'école primaire

Pourquoi tu es gros?

Tu manges trop de McDo!

T'es le plus gros de la classe…

Gros lard!

L'homophobie et le sexisme : des fléaux qui touchent aussi les enfants

On parle de plus en plus souvent des violences sexistes et sexuelles qui ont lieu dans la rue, au travail ou même au sein du foyer familial, et c'est une bonne nouvelle. L'homophobie s'exprime aussi dans la rue (quand deux personnes homosexuelles qui se tiennent la main en public se font insulter ou cracher dessus par des homophobes, par exemple), mais le sujet du sexisme et de l'homophobie à l'école gagnerait à être davantage mis sur le devant de la scène.

En France, les chiffres concernant le sexisme à l'école sont rares. Pourtant, les enfants ont bien la capacité de raconter ce qu'ils ressentent et les difficultés auxquelles ils font face au quotidien. Pour en avoir le cœur net, Milan Presse a justement commandé une étude auprès du CSA sur le sujet[1]. Plusieurs enfants âgés de sept à quinze ans ont ainsi été interrogés sur leur perception du sexisme et des stéréotypes de genre à l'école.

Résultat ? 29 % des filles de sept à dix ans (soit environ trois filles sur dix) ont déclaré avoir déjà été victimes ou témoins de moqueries sexistes. Chez les onze-quinze ans, le pourcentage grimpe à 36 %. À cause de ces agissements sexistes, 24 % des filles de sept à dix ans ont assuré ne pas agir librement. Chez les onze-quinze ans, elles sont 33 % à déclarer la même chose. Qu'est-ce que cela veut dire, concrètement ? Quand un groupe de garçons interdit à une fille de jouer au foot avec eux parce qu'elle est une fille ou qu'il traite un camarade de « pédé » parce qu'il aime jouer à l'élastique ou chanter « I Kissed a Girl » de Katy Perry, cette fille et ce garçon vont réfléchir à deux fois avant de retenter leur chance sur le terrain, de jouer avec leurs amies ou de partager leurs goûts et leurs passions.

L'étude de Milan Presse confirme que la cour de récréation cristallise les comportements sexistes dans les écoles. Plus de 90 % (neuf enfants sur dix) des enfants interrogés pensent en effet que les filles et les garçons

1. Enquête Milan Presse-CSA, réalisée du 9 au 16 février 2022 auprès de 1 016 enfants âgés de sept à quinze ans. Enquête Milan Presse-CSA, réalisée du 9 au 16 février 2022 auprès de 1 016 enfants âgés de sept à quinze ans.

sont traités de la même façon dans la sphère familiale et en classe. Pourtant, leur perception est bien différente dans la cour de récré. Ils ne sont plus que 64 % (plus de six enfants sur dix) à considérer que leur traitement est égalitaire dans la cour de récréation, rapporte Milan Presse. Les filles en particulier sont les plus critiques : 44 % des filles de onze à quinze ans pensent que le traitement dans la cour de récré est inégalitaire entre les filles et les garçons.

Mais le sexisme ne s'arrête pas aux portes de la cour de récré, comme le pensent pourtant la majorité des élèves interrogés dans le cadre de l'étude menée par Milan Presse. Dans un rapport[1] publié par le Haut Conseil à l'égalité entre les femmes et les hommes (HCE), une étude de Sabrina Sinigaglia-Amadio ayant pour sujet la place et la représentation

1. « Égalité, stéréotypes, discriminations entre les femmes et les hommes : perceptions et vécus chez les jeunes générations en 2022 », Haut Conseil de l'égalité entre les femmes et les hommes, publié le 28 février 2022.

des femmes dans les manuels scolaires français est mentionnée. Cette dernière révèle que ces outils pédagogiques à destination des élèves « ont tendance à favoriser l'idée de la femme comme femme au foyer ». Et, lorsqu'elles ne sont pas en train de s'occuper de la maison ou de faire la cuisine, la plupart des femmes représentées dans les manuels scolaires exercent des métiers traditionnellement pensés comme féminins et peu valorisants ou valorisés dans notre société : infirmière, secrétaire, caissière, institutrice… De leurs côtés, les hommes sont la plupart du temps représentés en position de pouvoir (le patron face à la secrétaire, par exemple).

Je pourrais vous citer d'autres exemples qui favorisent le sexisme à l'école : dans les manuels de français, par exemple, les textes écrits par des femmes sont quasi inexistants (moins de 10 %, selon le HCE). Lorsqu'il convient aux élèves de choisir une filière, on encourage les garçons à poursuivre des études scientifiques et les filles des études littéraires, si bien que le manque de femmes dans les métiers scientifiques est aujourd'hui un véritable problème de société. Mais je m'éloigne de mon sujet, à savoir que les écolières et les écoliers sont placés dans des rails, et que ceux qui n'ont pas envie de les suivre sont catalogués comme « pas normaux ». Si vous n'entrez pas dans une case, au hasard la case « garçon qui joue au foot », on va vous mettre dans une autre case. Dans mon cas, ça a été la case « homosexuel ». Avant même d'être le gros de service, j'étais le garçon qui préférait très certainement les garçons. Que l'on révèle, ou pas, son homosexualité par la suite ne change rien : la violence des propos homophobes (et sexistes) fait des dégâts à court terme comme à long terme.

Comment ne pas citer le cas de Lucas ? Il avait seulement treize ans lorsqu'il s'est suicidé, le 7 janvier 2023, à Golbey, une petite ville des Vosges. Depuis plusieurs mois, il se plaignait de subir des insultes homophobes de la part de plusieurs camarades. Selon une proche de la famille, interrogée par RMC, la mère de Lucas avait même prévenu les responsables de l'établissement scolaire. « Deux ou trois signalements » auraient été effectués, a confirmé Séverine, la mère de l'adolescent, dans le quotidien régional *Vosges Matin*[1]. Les mesures n'ont pas été à la hauteur des attentes, selon les proches de Lucas, une version des faits que conteste le rectorat. Les insultes ont continué, et Lucas s'est pendu chez lui.

Pour les harceleurs présumés de Lucas, le temps de la justice doit maintenant faire son chemin. Quatre élèves de son collège, deux filles et deux garçons de 13 ans, ont été jugés pour « harcèlement scolaire ayant entraîné le suicide de la victime ». Le procureur de la République d'Épinal, Frédéric Nahon, a annoncé dans les colonnes du *Parisien*[2] l'ouverture d'une « enquête incidente contre X pour non-dénonciation de mauvais traitements sur mineurs ». De quoi mettre l'établissement scolaire en face de ses responsabilités ? Lundi 5 juin, les quatre élèves mis en cause ont été reconnus coupables de harcèlement. Cependant, le lien de causalité entre ces faits et le suicide de Lucas n'a pas été retenu. Les sanctions seront rendues en janvier 2024 (source : journal *Centre Presse*[3]).

Le suicide de Lucas a été vécu comme un drame par de nombreuses personnes, y compris moi, bien sûr. Au moment où l'affaire est rapportée dans les médias, je suis tellement affecté que j'évite de consulter les articles. Dès que je croise la photo de Lucas, je ferme mon téléphone. Je suis traumatisé par cette idée qu'il s'est donné la mort à seulement treize ans. Je crois que l'histoire de Lucas a réveillé, à un moment de ma vie où j'allais mieux, ce sentiment de colère et d'injustice face au harcèlement scolaire. J'ai donc ressenti le besoin de me protéger de cette colère et de mon passé parce que, oui, l'histoire de ce gamin aurait pu être la mienne si je n'avais pas été aussi attaché à la vie et si je n'avais pas été aussi bien entouré.

Aujourd'hui, j'ai la chance d'être en vie et de pouvoir parler. C'est pour cela que j'ai décidé de ne pas me taire, jamais. Si vous êtes victime dans votre école, votre collège, votre lycée ou au travail de tels propos,

1. « Suicide de Lucas, 13 ans, à Golbey : "C'est le combat de toute ma vie", confie Séverine, la maman », Olivier Jorba, *Vosges Matin*, le 27 janvier 2023.

2. « Suicide de Lucas : quatre camarades de classe vont être jugés pour harcèlement », *Le Parisien*, 27 janvier 2023.

3. « Lucas : les quatre adolescebts reconnus coupables de harcèlement, mais pas du suicide », *Centre Presse*, le 5 juin 2023.

sachez que des ressources existent. Ce livre en contient, et j'espère qu'il fera sa part pour vous aider dans ces moments difficiles.

Malheureusement, l'histoire de Lucas n'est pas un cas isolé. Je me souviens du film *Marion, 13 ans pour toujours*, que j'ai vu en 2016 au moment de sa sortie. Il s'agit de l'adaptation d'un livre écrit par la mère de Marion après le suicide de sa fille, victime de harcèlement. Je me souviens particulièrement de la scène où la maman de Marion découvre le corps de sa fille pendu dans sa chambre. L'horreur et l'effroi se sont emparés de moi et de l'amie avec qui j'étais.

Quand je regarde ce film, j'ai déjà conscience que ce que je subis au quotidien relève du harcèlement. Je sais que ce n'est pas normal de vivre cela. Mais le film est une vraie claque pour moi. Pour la première fois, je comprends que le harcèlement scolaire peut avoir des conséquences très graves. Alors je vais agir contre ces paroles destructrices, ces paroles meurtrières. Mais reprenons le fil de mon récit car, avant d'en arriver à cette prise de conscience, je dois faire ma rentrée en sixième…

LE REGARD DE LA PSY

Pourquoi le sexisme et l'homophobie infusent-ils si tôt dans l'esprit des enfants ?

Le sexisme et l'homophobie sont tellement ancrés dans notre société, et ce depuis tellement longtemps, que des comportements que l'on pense normaux relèvent en fait du sexisme, mais aussi de l'homophobie. Les enfants n'y échappent pas.

Le point de vue des professeurs des écoles, mais aussi des parents, est également à prendre en compte. On sait que les enseignantes et les enseignants ne perçoivent pas la réussite ou l'échec des filles et des garçons de la même façon. Les enfants captent ce que ces adultes projettent sur eux.

Enfin, les représentations à la télévision ou dans les médias comptent dans l'éducation des plus jeunes. Les choses changent : par exemple, on voit de plus en plus de personnages différents dans les séries ou les films. Il y a une normalisation qui s'opère, mais il reste encore du chemin à faire.

LES INFOS UTILES !

ASSOCIATIONS QUI LUTTENT CONTRE LE SEXISME ET LES DISCRIMINATIONS À L'ÉCOLE

- Liberté d'Agir Scolaire
- Dans le Genre Égales
- Parents & Féministes

POUR UNE ÉCOUTE À DESTINATION DES ÉLÈVES OU DU PERSONNEL DES ÉTABLISSEMENTS

- Téléphone : 0 810 20 30 40 7j/7 de 8 heures à 23 heures ou 01 41 83 42 81 (gratuit selon le forfait)

Courriel : ecoute.contrelhomophobie.org

PODCASTS

Même pas vrai ! de Milan Presse

La Matrescence, Clémentine Sarlat

Papatriarcat, de Cédric Rostein

LIVRES

- *Les filles peuvent le faire... aussi ! / Les garçons peuvent le faire... aussi !* de Sophie Gourion et d'Isabelle Maroger, Grund Jeunesse
- *Un jour mon prince viendra... ou pas !* de Sandra Nelson et Rémi Saillard, éditions Gautier Languereau
- *De quoi je me mêle ?* d'Adèle Tariel et Estelle Billon-Spagnol, éditions Talents Hauts
- *Le Petit Livre de l'empathie* de Mariette Strub-Delain, First Éditions

À NOTER DANS SON AGENDA

Le 17 mai, la Journée mondiale contre l'homophobie, la transphobie et la biphobie.

Le 25 novembre, la Journée internationale pour l'élimination de la violence à l'égard des femmes.

JE SUIS NÉ
AVANT LA HONTE !

2

« LE GROS DE SERVICE »

Tu te retrouves prise au piège des insultes, des bousculades, des phrases dans ta vie qui résonneront pendant des années, comme « boule de gras ». Cette phrase... C'est à ce moment-là que tu prends conscience de ton corps, et vraiment de la pire des façons.

Louane

« GROS SAC », « BOULE DE GRAISSE », « BOUBOULE » : UNE ÉTIQUETTE QUI COLLE À LA PEAU

Les premières insultes : plongée dans un monde de requins

Pour beaucoup d'entre nous, l'entrée au collège peut être un choc. Changement de décor et de camarades de classe, et il faut, entre les cours, s'aventurer dans les couloirs de l'établissement pour rejoindre une autre salle avec un autre professeur. Les élèves de troisième font trois têtes de plus que nous, bref, vous vous souvenez : il y a de quoi être impressionné. De mon côté, je retrouve ma meilleure amie et je me lie d'amitié avec d'autres filles de mon âge. On forme alors un vrai groupe, dans lequel je me sens bien et moi-même. Je peux partager mes passions avec d'autres personnes que mes peluches, et cela me fait un bien fou !

Alors que je sors de mon cocon de la primaire, ma rentrée au collège se fait finalement dans la douceur. Dans ma tête, je deviens grand, je me pense grand, je suis grand ! J'aime bien l'école, je suis content d'aller en cours avec des professeurs que je trouve gentils. À ce moment-là, je ne comprends pas que, face à la méchanceté à laquelle je vais devoir faire face, je suis en fait tout petit.

Un jour, j'apprends qu'au collège on parle de moi comme du « gros ». Quand je découvre cette information, je me dis que, pour eux, je n'ai donc pas de prénom, pas d'identité. Ils m'appellent « le gros » parce que c'est ce que je suis pour eux. Ils me voient gros, ils m'appellent « le gros », cela ne va pas plus loin. Comme on ne s'est jamais parlé, qu'ils ne me connaissent pas, ils s'arrêtent à mon enveloppe corporelle. Ma caractéristique physique devient un trait de caractère. Logique ! J'en suis horrifié. Pour la première fois, je me confronte à ma différence. Celle d'être gros, d'écouter Lady Gaga et d'être ami avec des filles.

D'autres scènes me saisissent, comme lorsqu'un garçon que je ne connais pas se permet de faire une blague sur mon physique au bout de cinq minutes. Des années plus tard, ce genre de moment gênant se répétera. En soirée, par exemple, il arrive qu'une personne que je ne connais pas vienne me toucher le ventre pour me glisser avec un clin d'œil se voulant complice : « Tu manges bien, toi ! » On vous a probablement déjà dit que toucher le ventre d'une femme enceinte sans son autorisation ne se fait pas ? Eh bien, pour les personnes grosses, c'est la même chose : ÇA-NE-SE-FAIT-PAS.

C'est donc au collège, quand j'apprends le doux sobriquet qu'on m'a collectivement attribué, que je découvre que je suis gros. Je n'y avais tout simplement jamais pensé. Avec le recul, j'ai l'impression que je me suis tout de suite conditionné face à cette violence. Je me suis dit : « Sois prêt, ça commence à puer pour toi, va falloir s'accrocher. » Bon, *spoiler alert*, on n'est jamais vraiment prêt au harcèlement, quel qu'il soit. Pourtant, je suis persuadé qu'en prenant mon mal en patience, en me disant que ça ira mieux plus tard, en me focalisant sur mon avenir et en comprenant que je ne peux pas contrôler les autres, je vais réussir à me protéger. Si ces gens ont l'intention de me nuire quotidiennement, ils vont le faire, peu importe que je réagisse ou pas, que je me défende ou pas, que j'en parle à mes parents ou pas.

Je ne cherche pas à leur répondre, non par lâcheté, mais pour me préserver. Ce n'est pas mon rôle de faire leur éducation, de leur dire qu'appeler un camarade de classe « le gros », puis « bouboule » ou « gros sac », ne se fait pas. Que, oui, c'est bien du harcèlement. Mon rôle à moi, à ce moment-là, c'est de continuer à être moi-même, à ne pas trahir qui je suis et à attendre que les années passent pour changer d'établissement et aller au lycée.

LE VRAI DU FAUX DU HARCÈLEMENT SCOLAIRE

Le harcèlement est uniquement caractérisé lorsqu'il y a des violences physiques :

FAUX

Le harcèlement ne concerne pas seulement les violences physiques ; il est aussi fait de violences psychologiques, comme les insultes, les moqueries ou le fait d'isoler un élève du reste du groupe.

Donner un surnom à un camarade de classe est toujours un geste d'amitié :

FAUX

Quand le surnom vise à dégrader la personne concernée, à la réduire à un trait physique ou comportemental, il peut s'agir de harcèlement.

Si les autres rient, c'est forcément drôle :

FAUX

Le harcèlement peut prendre différentes formes et se déguiser en « blagues ». Faire rire la galerie ne veut pas dire qu'on ne blesse personne.

Se moquer des goûts musicaux d'un camarade n'est pas grave :

FAUX

Le harcèlement se fonde notamment sur le rejet de l'autre selon plusieurs critères. Son genre, son orientation sexuelle, son apparence physique, son poids, sa religion réelle ou supposée, son handicap ou encore ses centres d'intérêt. Il n'y a pas de bonnes et de mauvaises raisons de se moquer de quelqu'un. À partir du moment où ces moqueries sont répétées et blessantes, c'est du harcèlement.

Oh, ça va ! y'a pas mort d'homme :

FAUX

Le harcèlement peut avoir de graves conséquences psychologiques sur les victimes : estime de soi brisée, troubles dépressifs, pensées suicidaires et suicide.

Face au harcèlement, les victimes sont seules :

FAUX

Le harcèlement scolaire est un délit pénal puni par la loi depuis 2022. Les auteurs de harcèlement peuvent donc être jugés par la justice. Les sanctions dépendent de l'âge des harceleurs et des victimes, mais aussi de la gravité des actes. Elles peuvent aller jusqu'à dix ans d'emprisonnement et 150 000 euros d'amende.

Tout le monde a déjà harcelé :

VRAI/ FAUX

Rire à une « blague », appeler quelqu'un « gros sac », refuser d'adresser la parole à un camarade de classe, ne pas intervenir en cas de harcèlement... c'est déjà du harcèlement. Si ces comportements sont courants, cela ne veut pas dire qu'ils sont à banaliser et à normaliser.

Si j'insulte un camarade en ligne, c'est moins grave :

FAUX

Qu'il soit en ligne ou « dans la vraie vie », le harcèlement est toujours puni par la loi.

Le ministère de l'Éducation définit ainsi...

Le harcèlement : *une violence répétée qui peut être verbale, physique ou psychologique. Lorsqu'un enfant est insulté, menacé, battu, bousculé ou qu'il reçoit des messages injurieux à répétition, on parle alors de harcèlement.*

EN CHIFFRES

1 ÉLÈVE SUR 10
serait touché par le harcèlement scolaire.

Les élèves concernés sont entre 800 000 et 1 million selon une enquête menée par le Sénat et publiée en janvier 2023.

Vous vous souvenez lorsque je vous racontais les parenthèses enchantées avec ma meilleure amie de l'école primaire ? Au collège, ces quinze minutes de récréation deviennent désormais pour moi un vrai cauchemar. Les garçons parlent des filles, les filles parlent des garçons, et moi, au milieu de tout cela, je parle de quoi ? Nous n'avons pas les mêmes centres d'intérêt et j'ai du mal à trouver ma place dans un groupe d'élèves de mon âge. Je me demande même si ce ne sont pas eux qui ne veulent pas me laisser cette place.

Pourtant, j'essaie, je me force même à rire, à parler, à faire des blagues. Je les supplie tous intérieurement de me laisser une place, ou même deux : une pour moi et une pour mon double menton. Mais, si vous avez déjà mis les pieds au collège, vous devez le savoir comme moi aujourd'hui : quand on a une place sur l'échelle sociale, on ne la partage pas, encore moins avec le seul gros de la classe. Alors tant pis, j'ai vite compris que je serai seul dans mon combat et que, si je voulais une place, j'allais devoir la créer, encore une fois, dans ma tête. J'y suis habitué, après tout. C'est ce que je sais faire de mieux, en attendant qu'on comprenne ma valeur et qu'on me regarde tel que je suis à l'intérieur.

Je ne vais pas vous le cacher, vous dire que c'était simple. Les jours, les semaines, les mois passant, les remarques se font de plus en plus dures. Et moi, je leur donne raison. Mon cœur sait que je ne suis pas que « le gros », mais à force de l'entendre, mon cerveau ne peut s'empêcher de se dire qu'ils ont peut-être raison, qu'ils disent peut-être vrai. Parce que finalement, quand je me regarde dans le miroir, je me retrouve face au « gros sac » qu'ils décrivent. Je remarque les bourrelets qui ondulent sur mon ventre, mes cuisses et mes bras. C'est donc peut-être ça être « une boule de graisse » ?

Petit à petit, mon estime de moi dégringole. De simples mots peuvent détruire quelqu'un de l'intérieur. Voilà les conséquences du harcèlement scolaire.

La vie à l'intérieur du cocon familial *vs* la vie à l'extérieur

Vous le savez, mes parents ont créé pour moi et mes frères un véritable cocon familial. À la maison, je suis toujours le Gaëtan qu'ils aiment et qu'ils connaissent. Mon amour pour la vie ne me quitte pas, malgré les petits surnoms que m'ont donnés mes camarades de classe. Vous devez cependant vous demander pourquoi je ne dis rien à ma famille de ce qui se passe au collège. Alors même que j'ai grandi dans un foyer où la parole est sacrée, je décide de ne pas communiquer ce que je subis, et ce pendant des années.

Mes parents sentent bien que quelque chose ne va pas. Ma mère me tend régulièrement des perches. « Qu'est-ce qui ne va pas ? », « Est-ce que tu rencontres des problèmes au collège ? », « Est-ce que je peux t'aider ? », « Comment ça se passe avec les autres élèves ? » Face à ses questions, je pose des barrières. « T'inquiète pas, maman, tout va bien, je te le dirais s'il y avait quelque chose, crois-moi. »

LE REGARD DE LA PSY

Les conséquences du harcèlement scolaire

Selon les études scientifiques, les conséquences du harcèlement sont nombreuses. Difficultés somatiques et psychosomatiques, avec augmentation du nombre de rhumes et d'autres maladies, des maux de ventre, des maux de tête, des troubles du sommeil. Les victimes peuvent aussi intérioriser leur souffrance et développer des problèmes d'angoisse et de dépression. Encore plus grave, le risque d'automutilation et de pensées suicidaires, voire de passage à l'acte, est accru. À long terme, on voit une augmentation du développement des troubles psychologiques, comme des troubles de la personnalité, voire d'autres maladies mentales. Sur le plan social, les victimes montrent plus de difficultés d'intégration sociale. Elles peuvent avoir des problèmes pour développer des relations intimes. Côté école et travail, elles s'en sortent souvent moins bien que ceux de leurs pairs qui n'ont pas été victimes de harcèlement.

LES SIGNES D'UN ENFANT HARCELÉ À L'ÉCOLE

Mes parents sont de fins observateurs, ils remarquent les changements de comportement. Pour les adultes, ces signes permettent de repérer des violences, puis d'amorcer un dialogue avec l'enfant ou le personnel éducatif. Mon expérience m'a montré que les adultes du système scolaire ne sont pas toujours d'une grande aide. Eux-mêmes manquent d'information et d'outils pour lutter activement et efficacement contre le harcèlement scolaire. Mais c'est un autre sujet.

Dans cet encadré, vous trouverez une liste des signes qui peuvent indiquer qu'un enfant est victime de harcèlement scolaire. En étant attentif à ces signes, vous pourrez prendre en main la situation et désamorcer les conflits dès leur apparition. C'est important pour ne pas laisser les choses s'éterniser, et donc la situation empirer. Je vous le répète, d'autres enfants n'ont pas la chance de témoigner aujourd'hui pour parler de la violence que peuvent entraîner une « petite blague » ou une « petite bousculade » qu'on pense inoffensives.

- Désintérêt pour l'école, pour les devoirs
- Notes qui baissent
- Mauvais comportement en classe
- Prise ou perte de poids significative
- Troubles du sommeil
- Troubles anxieux
- Maux de tête, maux de ventre
- Changement de comportement brutal
- Manque d'appétit
- Signes de dépression
- Émotions à fleurs de peau
- Isolement
- Phobie scolaire

Il y a plusieurs raisons à mon attitude vis-à-vis de mes parents. La première est simple : je ne leur parle pas de ce que je vis au collège par peur de leur rajouter du souci. Comme je vous l'ai déjà dit, j'ai eu la chance de grandir dans une famille où l'on ne manquait de rien mais, en coulisse, mes parents ont souvent eu du mal à joindre les deux bouts. Dans ma tête d'enfant, je me dis que je ne vais pas les accabler avec mes problèmes. Après tout, eux aussi ne peuvent pas contrôler les gens.

Je crois aussi que, si je ne leur parle pas des surnoms, des insultes et de ma différence, c'est aussi une histoire de honte. Les victimes de harcèlement scolaire pensent parfois qu'elles méritent ce qui leur arrive. C'est mon cas. Je suis gros, alors je mérite qu'on m'appelle « bouboule » et qu'on me dénigre. Mes harceleurs ont réussi à ancrer dans ma tête que le problème vient de moi. Il est donc devenu hors de question d'imposer mon problème à mes parents.

Ramener la question du harcèlement à la maison est encore moins envisageable, car je ne veux pas contaminer mon cocon avec ces histoires. Ma maison, ma chambre en particulier, reste mon sanctuaire, l'endroit où je me sens le mieux au monde. Je ne veux pas leur laisser ça. Alors, oui, je vis dans un étrange monde un peu paradoxal entre le dedans et le dehors, l'intérieur et l'extérieur. J'encaisse toutes les insultes au collège, car je sais que, dans mon foyer, elles n'existent plus. Avec mes proches, chez moi, je suis protégé de toutes les remarques blessantes, je peux être gros et différent sans qu'on me le reproche, sans qu'on me demande de le justifier.

Quand je suis sorti du ventre de ma mère, le médecin ne m'a pas tendu un formulaire en me disant ce que je voulais être. Je n'ai pas choisi d'être gros ou gay. Oui, j'ai des nichons, mais je ne les ai pas demandés ! Je trouve cela fou de devoir, depuis que je suis tout petit, prouver aux gens que je n'ai pas choisi d'être comme je suis.

Quels conseils donner pour faire face aux moqueries quotidiennes ?

Tenir un journal intime : l'objectif est de sortir de soi ses émotions et de ne pas les garder à l'intérieur. Si vous avez du mal à vous y mettre, vous pouvez tenter cet exercice : prenez une feuille de papier et obligez-vous à écrire pendant vingt minutes. Renouvelez l'opération quatre jours d'affilée. Ce processus, difficile mais efficace, va aider à faire bouger les choses à l'intérieur de soi.

Masser son visage : si vous faites face à une émotion intense, pressez vos deux pouces sur les deux bosses en haut du front, le long de la ligne des cheveux. Tenez jusqu'à ce que vous soyez apaisé.

« Poids à surveiller » : quand le corps médical s'en mêle

Il n'y a pas qu'à l'école, et plus tard en société, que je dois justifier mon poids. Quand j'ouvre mon carnet de santé, je vois ce qu'a écrit le médecin, avec un point d'exclamation histoire qu'on ne l'oublie pas :

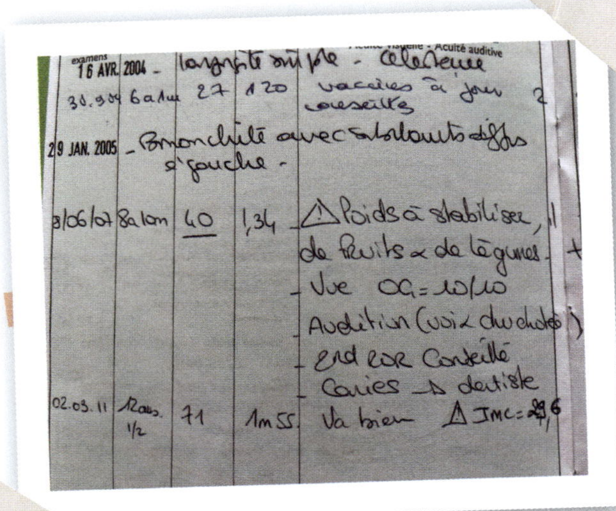

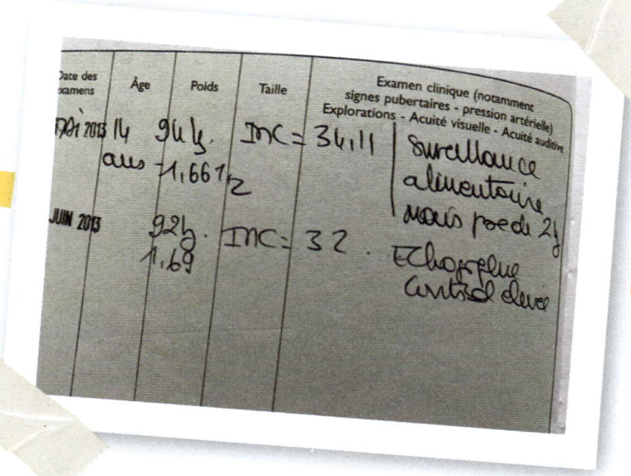

Il n'est pas seul à être obsédé par mon poids. Des anecdotes de grossophobie dans le monde médical, j'en ai des tonnes à raconter, mais il faudrait plus d'un livre pour pouvoir toutes les rapporter.

Grossophobie : *ensemble des attitudes et des comportements hostiles qui stigmatisent et discriminent les personnes grosses, en surpoids ou obèses*. Dans le corps médical, elle se manifeste par des remarques déplacées sur le poids, des « blagues » discriminantes, un refus de consulter, un jugement sur la qualité de vie de la personne concernée, des remarques culpabilisatrices, un matériel non adapté à la prise en charge des corps gros.*

* Définition du dictionnaire Le Robert.

Les visites médicales scolaires ont toujours été pour moi synonymes d'angoisse. J'avais beau être gentil et souriant, je savais que j'allais sortir de là en pleurant. Pourquoi ? Parce qu'on me disait que j'étais trop gros et on cherchait forcément une raison à cela. « Ça se passe mal à la maison ? Tu manges trop parce que tu es triste ? » Non, laissez-moi tranquille, je mange parce que j'ai faim. Point.

Je me souviens être allé chez ma docteure pour une angine quand j'étais petit. Son diagnostic a été sans appel : pour elle, j'étais trop gros. Mon angine n'était que le symptôme de mon surpoids. La vérité, c'est que l'un n'avait rien à voir avec l'autre.

Il y a quatre ans, je me suis rendu aux urgences pour une péritonite foudroyante. Pour celles et ceux qui ne savent pas ce qu'est une péritonite, c'est une infection qui peut être très grave puisqu'on peut en mourir. Alors que je suis aux urgences, à attendre ce que l'on va faire de moi, j'entends deux infirmières parler avec un médecin : « Il est trop gros pour une radio, on va faire une IRM. » Fidèle à moi-même (j'ai la chance d'avoir de la repartie), je leur lance alors : « Il est gros, il n'est pas sourd ! » Les gens devraient apprendre à peser leurs mots à défaut de se peser soi-même !

Allez, une autre anecdote pour la route et pour que vous compreniez bien que la grossophobie infeste le milieu médical : j'ai un problème de peau, que vous connaissez peut-être, la maladie de Verneuil. Pendant les deux ans qui ont précédé le diagnostic, j'ai été suivi par un dermatologue qui ne m'a rien prescrit. Pour lui, mon problème de peau venait de mon poids. « Il faut maigrir », m'ordonnait-il à chaque consultation.

Alors, oui, être en surpoids est un facteur aggravant de la maladie, je me suis renseigné depuis, mais ce n'est pas un facteur déclencheur. Il se trouve que j'étais à ce moment-là à une période compliquée de ma vie (on en reparlera plus tard) et que j'ai perdu 25 kilos. Vous savez quoi ? Rien n'a changé, mon problème de peau était toujours bien présent. Et maintenant, on fait quoi, docteur ? Là, je vous le donne en mille, il ne savait plus quoi dire. Je suis donc allé voir un autre médecin, et c'est lui qui a posé le diagnostic. Quand je lui ai demandé si mon poids était à l'origine de ma maladie, il m'a tout de suite rassuré en me disant que cela n'avait rien à voir.

Il est rare de trouver des médecins pour qui le surpoids n'est pas la cause de tous nos maux ; 53 % des professionnels de santé seraient même grossophobes, selon une étude du Collectif national des associations d'obèses (CNAO) menée en mars 2023. Cela engendre, comme cela m'est arrivé, des erreurs de diagnostic chez les personnes grosses. Ces mauvais traitements ont aussi généré chez moi une aversion à la prise en charge médicale. Forcément, comme j'ai pris l'habitude (ou plutôt comme on m'a donné l'habitude) de sortir des rendez-vous médicaux en pleurant, je vais à reculons chez le médecin. Je sais trop bien ce qui

LE REGARD DE LA PSY

Que dire à un enfant victime de harcèlement scolaire ?

En tant que parent ou adulte de l'entourage, si on pense qu'un enfant est victime de harcèlement, il est important d'aborder le sujet avec lui d'une manière délicate. S'il ne vient pas en parler spontanément, on peut l'aborder indirectement. « J'ai remarqué que tu as moins envie d'aller à l'école, dernièrement », « Tu m'as l'air triste, depuis quelque temps », « Tu n'as plus autant envie de participer aux activités qui te faisaient plaisir avant. Est-ce qu'il se passe quelque chose ? » Il faut s'attendre à toutes les réactions à une réponse ouverte, à du déni et à de la colère. On peut également poser la question directement (« Est-ce qu'on t'embête à l'école ? »), mais, là encore, l'enfant peut hésiter à en parler car il a peur d'aggraver sa situation.

Si l'enfant ne parle pas spontanément de la situation, il faut faire preuve de patience et veiller. Le fait d'avoir abordé le sujet a semé une graine. Il faut laisser le temps à celle-ci de germer. L'enfant viendra peut-être se confier, ou on pourra de nouveau aborder le sujet à un autre moment.

Certains enfants victimes de harcèlement minimisent les faits, car ils ne se rendent pas compte du côté destructeur de ce qu'ils subissent. Il est donc important de leur expliquer que le harcèlement est quelque chose de grave, même s'ils ont l'impression de le gérer et de bien l'encaisser. En parallèle, on peut également prendre rendez-vous avec le corps enseignant pour exprimer son inquiétude, demander des informations et une veille supplémentaire au sein de l'établissement. Si l'enfant refuse toujours de parler alors que le harcèlement est identifié, vous pouvez aussi lui prendre rendez-vous avec un spécialiste, un psychologue par exemple.

Quand l'enfant parle, il est important d'écouter et de valider son expérience et son ressenti afin qu'il se sente entendu, soutenu, et en sécurité.

On a souvent envie de régler le problème tout de suite. Ce n'est pas toujours possible ni souhaitable. L'enfant a souvent peur d'aggraver la situation en dénonçant son harceleur, il est donc très important qu'il sache qu'il sera protégé. Parfois, il faut prendre le temps de réfléchir au meilleur plan d'action pour ne pas aggraver son angoisse. S'il est en danger imminent, il faut agir tout de suite au niveau de l'école, et parfois des autorités.

Dans tous les cas, l'enfant a besoin de se sentir entouré, compris et protégé. Il doit aussi comprendre — et très souvent il faut l'aider sur ce point — qu'il n'est pas responsable de la maltraitance. Abuser de qui que ce soit n'est jamais acceptable.

m'attend en rendez-vous : un jugement de la part du corps médical, de la culpabilisation et une mauvaise prise en charge.

Mon expérience personnelle avec la médecine est loin d'être unique. Des témoignages de personnes grosses mal prises en charge par la médecine, on en trouve régulièrement sur les réseaux sociaux. La parole se libère à ce sujet, et c'est tant mieux, car l'inégalité de l'accès aux soins est bien réelle, comme le dénonce Gras Politique.

Cette association féministe offre de précieuses ressources pour lutter contre la grossophobie dans toutes les sphères : à l'école, au travail, au sein du corps médical. Pour aider les personnes grosses, elle a notamment mis en ligne sur son site une carte recensant les soignantes et les soignants considérés comme « safe ». Une carte des personnes « non safe » est également disponible. De quoi nous permettre à l'avenir d'éviter les crises de larmes et nous épargner le mépris de ces personnes.

Lors de mes rendez-vous, on ne m'a jamais demandé si je me sentais bien. Mon poids est toujours considéré comme un problème, comme LE problème. Bien sûr, je ne suis pas à l'abri d'être malade, comme tout le monde, mais rien ne dit que ce sera à cause de mon poids ! L'obésité est bien un facteur de risque de certaines maladies, mais il se trouve que, dans mon cas, je n'ai aucun problème de santé lié à mon obésité. Ce n'est pas une opinion, c'est un fait. Je n'ai pas de cholestérol, je ne fais pas de diabète. En revanche, l'obsession affichée au sujet de mon poids a eu des conséquences sur ma façon de me nourrir. J'ai tellement entendu dire que je mangeais trop, que j'ai fini par y croire et suis tombé dans une forme de trouble du comportement alimentaire : le contrôle de tout ce que je mange.

Troubles du comportement alimentaire*

Ils impliquent une perturbation de l'alimentation ou du comportement lié à l'alimentation, et comprennent généralement :

- *modifications du régime alimentaire ou de la manière de s'alimenter ;*
- *mesures prises par la personne pour éviter que la nourriture ne soit absorbée (par exemple, en se faisant vomir ou en prenant un laxatif).*

Pour qu'un comportement alimentaire inhabituel soit considéré comme un trouble, il doit se poursuivre pendant un certain temps et nuire de manière significative à la santé physique de la personne et/ou à sa capacité de fonctionner à l'école ou au travail, ou affecter négativement les interactions de la personne avec autrui.

* Définition du Manuel MSD.

Parfois, je suis rongé par la culpabilité d'avoir mangé un burger au restaurant. D'autres fois, j'ai l'envie incontrôlable de manger, et je prends alors tout ce qui me tombe sous la main. Ensuite, je passe des heures à débattre avec moi-même pour savoir si je vais ou pas aller tout vomir.

Je crois sincèrement que ces comportements addictifs face à la nourriture ont été induits par mon expérience avec le corps médical. C'est le combat de ma vie, je le sais. Je vais pour toujours devoir me battre avec les chiffres, avec les calories, avec les kilos, parce que c'est ce qu'on m'a implanté dans le crâne depuis tout petit. Comme ma courbe de croissance ne suit pas la norme, je ne suis pas dans la norme.

Mais d'ailleurs, qui a décidé de cette normalité ? Est-ce que j'ai envie d'être normal ? À partir du moment où je me sens bien dans mes pompes et dans mes fringues, et où mon poids n'entraîne aucun problème de santé, le nombre de kilos inscrit sur ma balance concerne qui ? À croire que les kilos sont contagieux ! De partout, tout le temps, on me demande combien je pèse et combien je mesure. Visiblement, les gens ont besoin de calculer mon IMC avant d'entamer une conversation avec moi. Ils se sentent obligés de me ramener à mon poids, à des chiffres. Pour se comparer, peut-être, car il faut dire qu'ils ne sont pas aidés. Leur comportement n'est que le symptôme d'une société obsédée par le poids et par le culte de la minceur.

Envie de tester ?
La cohérence cardiaque

À de nombreuses reprises, les moqueries que j'ai subies au quotidien m'ont mis dans des états difficiles. Le soir, je me repassais dans la tête les insultes et tout ce qui s'était passé pendant la journée. Alors, pour faire redescendre la pression, je me concentrais sur ma respiration. J'avais lu sur Internet que la cohérence cardiaque, une technique de respiration développée aux États-Unis dans les années 1990, pouvait aider à gérer l'anxiété et à faire retomber la pression, ainsi qu'à réduire le stress et à favoriser la concentration, le sommeil et le bien-être. On conseille en général de la pratiquer assis, en ayant le dos bien droit. De mon côté, je m'installais allongé sur le ventre. Cette position me permettait de sentir mon cœur battre et, surtout, de ralentir ma respiration au fil de l'exercice.

Aujourd'hui, il existe de nombreuses vidéos sur YouTube et des applications sur smartphone proposant des cycles de respiration prêts à l'emploi. En général, ils durent environ 5 minutes et vous indiquent quand vous devez inspirer et quand vous devez expirer. Le plus connu est peut-être celui qu'on appelle la méthode 3-6-5 : 3 fois par jour, 6 respirations par minute (inspirez sur 5 secondes et expirez sur 5 secondes), le tout pendant 5 minutes. Vous pouvez l'inclure dans votre routine, avant ou après le brossage de dents par exemple, histoire d'en faire une habitude.

Disclaimer : attention cependant, cette méthode est un outil parmi d'autres et n'est pas la solution à tout.

LE CULTE DE LA MINCEUR

Mon apparence : l'unique donnée essentielle aux yeux des autres

« Euh, t'as pas l'impression d'être serré dans ton pull ? » Mes camarades de classe sont obsédés par mon poids et par la façon dont je m'habille. Ils analysent mes vêtements, regardent comment je les porte et comment je les remplis. Comme je l'ai déjà dit, ils m'appellent « le gros » ou « bouboule » parce qu'ils s'arrêtent à mon apparence pour me caractériser entièrement. À leurs yeux, mon prénom et mes qualités n'ont que peu d'intérêt face à mon ventre, mes cuisses, mon double menton et mes bourrelets.

Remarques entendues au collège...

Tu es pédé vu que tu restes qu'avec des filles !

Boule de graisse !

Tu manges bien à la cantine, toi !

Tu veux un soutien-gorge ?

T'as combien de mentons ?

Je ne leur jette pas la pierre. Bien sûr qu'on se fait tous un avis sur une personne en la regardant. Le langage non verbal, la façon de se tenir, de s'habiller et de parler donnent déjà beaucoup d'indices sur une personnalité. En revanche, son poids, pas tellement. Mais ce comportement est symptomatique de notre société : notre valeur dépend de notre poids et de notre tour de taille. Les femmes sont particulièrement sujettes aux diktats de la minceur, mais les hommes n'échappent pas non plus aux critères de beauté. Alors que les unes doivent présenter une taille de guêpe (des hanches étroites mais une poitrine et des fesses généreuses), les autres doivent s'afficher musclés. On ne cherche pas à être en bonne santé, on veut correspondre physiquement à des attentes extrêmement difficiles à atteindre.

En témoigne une « tendance » particulièrement inquiétante chez certaines personnes : elles s'injectent un médicament destiné au traitement du diabète de type 2 dans le seul but de maigrir. Ce médicament agit comme un coupe-faim et permet une perte de poids rapide, mais c'est là un effet secondaire indésirable et à court terme, comme le précisait à *20 Minutes*[1] Jean-François Thébaut, vice-président de la Fédération française des diabétiques. Conséquence de cette utilisation détournée du médicament : les malades qui ont besoin de ce traitement ont de plus en plus de mal à se le procurer.

Malgré la montée en puissance de personnalités comme Lizzo ou Yseult, qui par leur statut et leur stature permettent de normaliser les corps gros et, qui plus est, noirs, malgré l'existence des mouvements Body Positive et Fat Positive, les silhouettes minces, voire maigres, restent les plus valorisées sur l'échelle sociale.

Depuis le début de l'année 2023, on remarque le retour de la tendance appelée « héroïne chic ». Datant du début des années 2000, cette esthétique prône la maigreur, obtenue notamment grâce à la consommation d'un stupéfiant extrêmement addictif et mortel, comme le comble du chic. On en est là. À surveiller notre IMC comme s'il s'agissait de l'unique donnée essentielle de notre échelle de valeurs dans cette société. Problème : l'indice de masse corporelle n'est pas vraiment un outil fiable dans le contexte dans lequel il est aujourd'hui majoritairement utilisé.

1. « La perte de poids est un effet secondaire très désagréable du traitement contre le diabète », Maïwenn Furic, *20 Minutes*, le 7 mars 2023.

Envie de tester ?
La méthode du miroir

Tout le monde peut être victime du culte de la minceur. Que l'on soit gros ou pas, grande ou petite, mince ou musclé, nous ne sommes jamais assez. Alors, pour reprendre confiance en soi, voici un exercice de développement personnel à tester : la méthode du miroir.

Cette méthode a été développée par Louise May*, une professeure de métaphysique. Pour cela, il vous faudra bien sûr… un miroir. Pendant une semaine, chaque fois que vous passerez devant votre miroir, prononcez à voix haute ces phrases positives : « Je t'aime », « Je t'accepte tel·le que tu es », « Je suis fier·ère de toi. » N'hésitez pas à ajouter votre grain de sel et à être plus spécifique. Tenez-vous droit·e, relevez le menton, parlez avec affirmation, bref, mettez-y du cœur et de l'intention ! Objectif de la semaine : faire du miroir un objet familier, bienveillant et positif. Il n'y a plus de place pour les insultes, les reproches et les critiques !

* *La Méthode du miroir*, Louise May, Guy Trédaniel.

L'IMC : un indice pas si fiable

Vous avez probablement déjà fait ce calcul en divisant votre poids (en kilo) par le carré de votre taille (en mètre). Ensuite, vous obtenez un nombre. S'il se situe entre 18,5 et 25, c'est gagné, vous êtes dans la norme. En dessous, vous êtes trop maigre, voire en sous-nutrition, et au-dessus, vous êtes trop gros, voire obèse. *Game over.*

Petit topo historique : l'IMC a été inventé par un statisticien belge du XIXe siècle, Adolphe Quetelet. L'Organisation mondiale de la santé (OMS) a repris ses travaux dans les années 1990 pour créer un outil permettant de calculer les risques de santé liés au surpoids et à l'obésité.

Selon l'OMS, l'IMC est donc « un moyen simple de mesurer l'obésité dans la population », or cet outil ne fait pas l'unanimité. Pourquoi ? Elle simplifie les situations personnelles de chacun et ne peut rendre compte de la (bonne ou mauvaise) santé des individus.

L'OMS le reconnaît d'ailleurs volontiers : pour plus de précision, il faudrait pouvoir distinguer la façon dont se répartit le poids entre la graisse (selon sa localisation sur le corps), la musculature et l'ossature. « Nous sommes inégaux face aux problèmes de poids », explique de son côté la professeure Karine Clément sur le site de la Fondation pour la Recherche Médicale[1]. « La maigreur peut être constitutionnelle, et une obésité peut ne pas entraîner de complications. Pour mieux estimer les risques, il est essentiel de combiner les outils d'analyse, de prendre en compte les spécificités de l'individu, mais aussi d'autres facteurs, notamment génétiques et environnementaux. »

Gras Politique, dont nous avons déjà parlé, va plus loin. Elle qualifie l'IMC de « calcul raciste et dépassé ». En effet, l'échelle de valeurs de l'indice est basée sur des données regroupant uniquement des hommes caucasiens, comme le raconte Sabrina Strings, autrice de *Fearing the Black Body: The Racial Origins of Fat Phobia* (« avoir peur du corps noir ; les origines raciales de la grossophobie »)[2]. On comprend le problème qu'il y a à généraliser à l'ensemble de la population mondiale un indice basé sur des données aussi restreintes.

Comment la honte s'est emparée de moi

Aujourd'hui, je sais que le poids ne dit pas tout de soi, ni surtout de sa santé. À l'époque, avec mon regard d'enfant, j'intègre qu'être gros est une mauvaise chose et, en plus de tout, que c'est de ma faute. Résultat : j'ai honte de moi. Je ne m'aime plus, et le cercle vicieux des journées types du collège peut commencer.

1. « L'IMC est-il vraiment un bon indicateur des problèmes liés au poids ? », Fondation pour la recherche médicale.

2. « Grossophobie et racisme : Sabrina Strings met au jour les racines de haines liées », Adèle Cailleteau, *Axelle Magazine*, mars 2021.

Le cercle vicieux de mes journées au collège

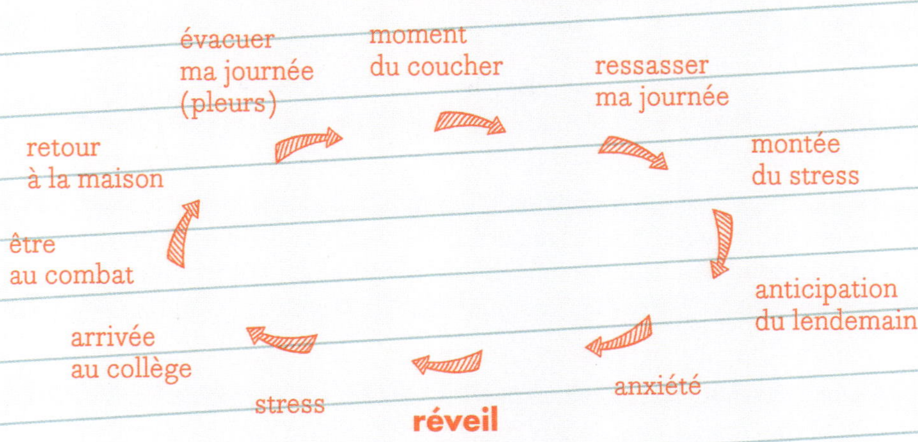

La honte, elle s'invite insidieusement dans mon quotidien. Pour moi, ça commence au collège, quand je fais attention à ne pas porter de tee-shirts trop moulants. Je ne veux plus qu'on distingue mon ventre et mes bourrelets. La honte ne cesse de crier dans mes oreilles : « Attention à comment tu te portes, à comment tu parles, Gaëtan. » Je retrouve l'appréhension du regard des autres, cette appréhension qui me pesait déjà à l'école primaire. Sauf que, cette fois, ce ne sont plus des chuchotements mais bien des cris, à longueur de journée, à longueur de temps.

J'en arrive à redouter de prendre la parole en classe, de lire un extrait de texte en cours de français ou de passer au tableau. Je sais que tout le monde va me regarder et que certains de mes camarades vont remarquer un détail qui pourra ensuite être utilisé contre moi. Parfois, je me mords la langue pour m'empêcher de donner mon avis. J'ai tellement honte de m'exprimer qu'il m'arrive de devenir très vite tout rouge. Je laisse les émotions me submerger et me dépasser.

Chaque soir, je revis ma journée et je me juge : « Là, tu aurais dû te taire, Gaëtan. T'aurais pas dû dire cela, faire ceci ou te comporter comme ça. » Je suis obsédé par ce que l'on va dire et penser de moi. J'ai cette impression que je prends trop de place et que je dois disparaître de l'environnement des autres. Je n'ai qu'une envie : me cacher dans un trou de souris, alors que je sais pertinemment que je n'y rentre pas ! Quelle ironie, n'est-ce pas ?

Je pense que je vais traîner cette honte toute ma vie. Peut-être qu'elle criera moins dans ma tête avec le temps, peut-être qu'elle redeviendra un chuchotement, peut-être même un murmure, mais elle sera là avec moi.

Cependant, et cela peut sembler un peu paradoxal, désormais je ne m'interdis plus rien ! J'ai trop eu honte, il n'est plus question que je m'empêche d'être qui je suis en société. Alors oui, je suis un peu exubérant, je parle fort, je chante, je fais des blagues, et tant pis si ça ne plaît pas. Je dis souvent que je suis né avant la honte. C'est une expression que j'aime bien, car elle me correspond. Je ne veux plus laisser de place à la honte, car je sais désormais que ce sentiment est particulièrement nocif pour moi.

Dorénavant, quand je suis en société, le regard des autres n'est plus un poids. Je me dis qu'ils ne me regardent pas, qu'ils ne font pas attention à moi. C'est une véritable libération qui me permet d'être moi-même sans me soucier de leur regard, et donc de leur éventuelle opinion à mon égard. Que l'on me regarde ou pas, je vais vivre avec la même intensité. Je ne veux plus me restreindre. Je l'ai tellement fait… Après tant d'années de souffrance, je me dois bien ça ! Bonne nouvelle, personne ne peut m'en empêcher ! On m'a coupé la parole alors que j'ai toujours aimé parler. J'ai appris à me taire alors que je n'aurais jamais dû.

• • • • • • • • • • •

Kolibri, une application pour aider parents et enfants à agir en cas de harcèlement scolaire

Pour un parent, il n'est pas forcément facile de savoir ce qui se passe dans la vie de son enfant à l'école. Alors, pour aider au dialogue et favoriser l'action dans la lutte contre le harcèlement scolaire, l'association Marion La Main Tendue a imaginé une application mobile. Baptisée Kolibri, elle offre plusieurs fonctionnalités.

La première : si un enfant est témoin d'un harcèlement, il lui suffit d'ouvrir l'application et de donner l'alerte à sa personne de confiance. Cette dernière pourra alors prendre en main la situation et alerter à son tour l'établissement de la victime concernée.

La deuxième fonctionnalité s'intitule la météo des émotions : elle permet à l'enfant d'exprimer ses émotions sans avoir à utiliser de mots. Cet outil permet alors au parent ou à la personne de confiance de rester attentif et de réagir en cas d'émotions négatives persistantes, l'un des signes du harcèlement scolaire.

Enfin, l'application a directement enregistré les numéros d'écoute d'urgence liés au harcèlement : 3020 pour le harcèlement scolaire et 3018 pour le cyberharcèlement.

Aux parents : vous n'avez pas besoin de télécharger cette application ou d'embarquer l'établissement de votre enfant pour mettre en place des outils comme la météo des émotions.

LE REGARD DE LA PSY

Les conséquences de la honte de soi sur le bien-être d'un enfant, d'un ado ou d'un adulte en général

La honte touche à notre être, à qui on est. Les enfants qui subissent des abus peuvent intégrer l'idée qu'il y a quelque chose de fondamentalement faux chez eux. Si on abuse de moi, c'est qu'il y a un problème chez moi, voire que je suis le problème. Cette honte toxique (car il y a une honte saine !) peut revenir pointer son nez à chaque fois que l'enfant ou l'adolescent échoue à une tâche ou ne peut répondre à une demande. La honte peut entraîner une image de soi très négative, et la personne concernée peut penser qu'elle n'a pas de valeur et qu'elle ne mérite pas d'être aimée.

Cette honte peut se manifester de plusieurs manières : angoisse sociale, discours intérieur négatif, colère, agressivité, comportement évitant ou soumis, attente inconsciente d'être maltraité et/ou rejeté.

Les effets extérieurs : problèmes scolaires, sociaux, professionnels, manque de motivation, sentiment d'impuissance, évitement ou même fuite.

La honte fait que nous avons envie de nous cacher ou de cacher notre honte, et c'est là où elle trouve son pouvoir. Elle perd son pouvoir sur nous quand elle est partagée et accueillie avec de l'empathie et de la bienveillance, tout simplement parce que, tout d'un coup, on ne porte plus le poids de cette honte seul. D'autres personnes savent, elles ne pensent pas moins de moi, et le monde continue de tourner ! Le conseil que je peux donner à celles et ceux qui n'arrivent pas à parler pour briser leur honte, c'est d'écrire ! Le fait d'écrire plutôt que de dire est parfois plus facile pour certaines personnes. Enfin, consulter un psychothérapeute est toujours une solution pour aider à se confier en douceur.

BIEN S'ENTOURER

Mes vraies amies : un soutien essentiel

Laurine, Léa, Manon et Romane. Sans elles, ma vie au collège aurait été plus difficile à supporter. Avec elles, j'ai un groupe d'amies sur lequel je peux compter. Elles sont pour moi un vrai soutien, un pilier. Elles forment mon cocon et mon safe place à l'intérieur même du collège, l'endroit où je subis les insultes et le harcèlement. Elles, elles s'en fichent que je sois gros ou maigre, grand ou petit. Elles m'aiment comme je suis. Alors, quand on est ensemble, j'ai la chance de pouvoir être à 100 % moi-même. Je n'ai pas besoin de faire semblant ou d'incarner un personnage que je ne suis pas.

Je crois qu'il est important, pour évoluer correctement, d'être entouré de gens qui connaissent votre valeur. Il faut pouvoir être entièrement soi-même, avec les personnes qui nous entourent de très près. J'ai eu la chance d'avoir des amies comme ça. Grâce à elles, j'ai appris, et compris, que le monde n'était pas entièrement mauvais. Si j'ai pu trouver ma place auprès d'elles, je pourrai m'intégrer dans la société, au-delà du collège.

C'est difficile pour moi d'expliquer comment bien s'entourer au collège ou ailleurs. Je crois qu'il s'agit avant tout d'une sorte de fusion entre différentes personnalités. À mon époque, il n'y avait pas tous les outils que l'on possède aujourd'hui pour se connecter à des inconnus qui partagent nos passions, mais je suis sûr que la différence d'une personne peut être la normalité d'une autre. Il suffit de la trouver. Sur Reddit, Discord, TikTok ou Instagram, de nombreuses communautés existent aujourd'hui pour trouver chaussure à son pied. C'est une piste que je ne peux qu'encourager : chercher des amitiés sincères au lieu de tenter de vous lier avec celles et ceux qui participent à votre harcèlement.

Pactiser avec le diable, c'est la solution que trouvent pourtant certaines victimes. Comment les blâmer ? La structure hiérarchique de la micro-société qu'est un établissement scolaire est construite ainsi.

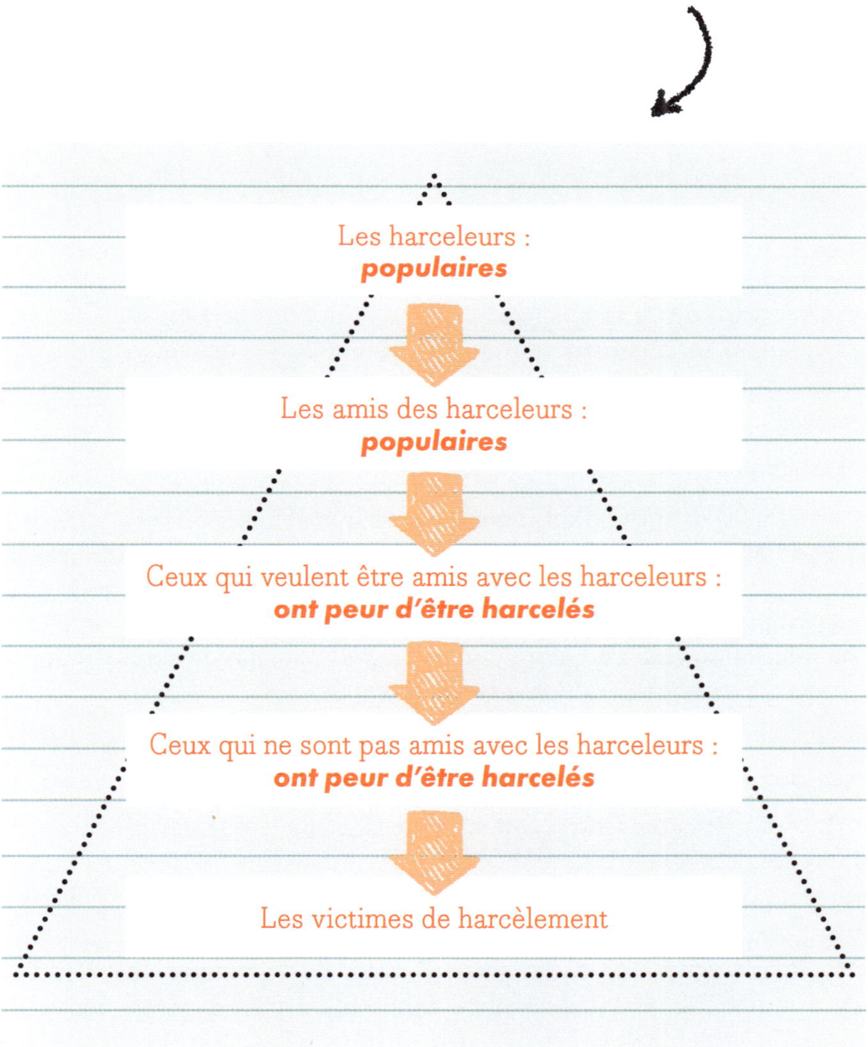

Pour survivre dans une telle organisation hiérarchique, on peut être tentés de vouloir monter les échelons pour rallier le haut de la pyramide, mais il s'agit à mon sens d'une mauvaise solution. Devenir ami avec des agresseurs ne vous fournira pas une amulette de protection contre le harcèlement.

La situation sera peut-être acceptable et agréable un temps, mais il y aura toujours une épée de Damoclès au-dessus de votre tête, le harcèlement pouvant (re)commencer à l'instant même où les élèves au top de la hiérarchie sociale de votre établissement scolaire le décideront (attention, je ne dis pas que tous les élèves populaires sont des harceleurs). C'est un peu cliché, on dirait un mauvais scénario de série télé, mais c'est comme cela que ça marche.

Personnellement, je ne me suis jamais forcé à tisser des liens avec qui que ce soit, encore moins avec celles et ceux qui participaient activement à mon harcèlement. J'ai tout de suite compris que, si je m'y aventurais, j'allais leur donner des informations dont ils pourraient se servir plus tard pour me nuire.

Cette ligne de conduite ne m'a jamais quitté. Je fais confiance très facilement, mais pas à n'importe qui. Mon expérience m'a permis de développer une sorte de sixième sens : je sens les gens, je sais ce qui se passe à l'intérieur d'eux (oui, même vous qui lisez ce livre !). J'écoute mon instinct pour savoir s'ils seront (ou pas) des alliés, et je me suis rarement trompé. J'ai toujours été fier de moi, car cette faculté de choisir à qui je m'adresse ou pas m'a épargné bien des souffrances.

J'ai aussi pu construire de vraies amitiés sincères et réciproques. Alors que les harceleurs n'ont, et c'est mon avis, pas de véritables amis. Ils sont juste entourés de gens qui ont peur de devenir leurs victimes. Comment être soi-même dans ces conditions ?

Cette intuition m'a été confirmée par la suite. J'ai déjà reçu des DM sur Instagram d'anciens camarades de classe qui me confiaient que, s'ils avaient été amis avec un de mes harceleurs, c'est parce qu'ils avaient peur de lui, et non parce qu'ils l'aimaient pour qui il était. C'est un peu triste, n'est-ce pas ?

LE REGARD DE LA PSY

Pourquoi les harceleurs harcèlent-ils ?

Les harceleurs donnent souvent l'impression qu'ils se sentent bien dans leur peau et qu'ils attaquent quelqu'un qui ne l'est pas. Pourtant, il ne s'agit que de leur image extérieure, que de ce qu'ils montrent sur un plan social.

Sur le plan existentiel (et parfois psychologique, selon leur conscience de la situation), leur position par rapport à leur victime est davantage : « Je ne suis pas quelqu'un de bien, et toi non plus. » Pour se protéger, ils attaquent l'autre, comme une meute va attaquer un animal blessé, et cela peut soulager leur peine un instant : en effet, l'autre se retrouve alors dans une position de faiblesse plus grande que celle de ses harceleurs.

La plupart des harceleurs s'attaquent ainsi à ceux qu'ils estiment plus faibles qu'eux. C'est plus facile. Malheureusement, ils risquent d'être confortés dans leur attitude par le soutien ou le silence de leurs pairs, qui eux non plus ne se sentent pas bien dans leur peau et/ou ont peur de se faire harceler à leur tour.

Quand on se sent bien dans sa peau, on n'a aucun besoin de s'attaquer aux autres, même s'ils sont différents.

On peut rappeler à un enfant victime de harcèlement que ce n'est pas sa faute, mais bien celle de son agresseur, qui ne va pas bien et projette sur lui son mal-être. Bien sûr, cela ne rend pas le harcèlement acceptable ou moins grave, mais cela peut permettre à l'enfant victime de mieux comprendre pourquoi l'autre s'en prend à lui, et cette mise à distance peut être salutaire.

Le rôle des témoins dans le harcèlement scolaire

Un samedi après-midi, à la fête foraine, alors que je profite de la journée avec mon groupe de copines, des garçons que je ne connais pas s'approchent de moi. Ils m'insultent, se moquent de moi et me lancent à la figure ce surnom qui me colle à la peau : Bouboule. Je ne réagis pas, je sais que je ne peux rien faire. Je marche plus vite et je m'éloigne de mes amies pour aller pleurer et extérioriser ma peine.

Lorsque je me retourne, je découvre une scène surréaliste : mes copines sont allées affronter le groupe de garçons. J'attrape à la volée quelques bribes de discussion et, victoire ! elles réussissent à les faire fuir. Des héroïnes ! Au lieu de rester passives, mes amies ont choisi de prendre parti et de ne pas laisser faire le harcèlement.

Bien sûr, je ne dis pas que tous les témoins de harcèlement scolaire doivent se positionner ouvertement et publiquement contre les agresseurs. On peut avoir peur de se mettre en danger, et c'est légitime, mais rester passif n'est pas une solution. Si un témoin n'agit pas, alors il participe lui aussi au harcèlement.

Reprenons les bases un instant. On va encore faire un peu de géométrie ensemble. Vous verrez, ce n'est pas si compliqué, et ça vous permettra de bien comprendre. Le harcèlement existe grâce au triangle que forment le harceleur, la victime et le témoin. Cela fonctionne aussi au pluriel, quand plusieurs personnes sont impliquées, et pas uniquement en milieu scolaire. C'est pareil pour le harcèlement de rue, par exemple.

Il se trouve que les harceleurs aiment bien avoir un public pour asseoir leur autorité, et donc leur position au top de la pyramide sociale. Les témoins ont donc le pouvoir de modifier ce triangle. Ils peuvent renforcer le rapport de force, ou le détruire.

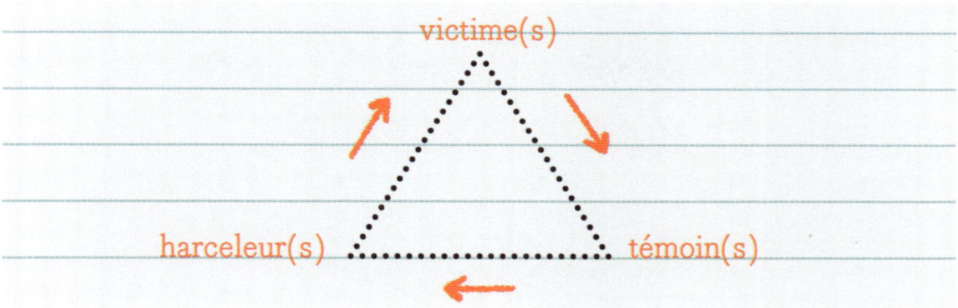

Les témoins qui ne disent et ne font rien laissent à penser qu'ils sont d'accord avec la situation de harcèlement. Ne pas agir, c'est contribuer au harcèlement. Vous allez me dire : « Mais attends, Gaëtan, tu ne sais pas ce qui se passe dans la tête des gens à ce moment-là ! » Non, c'est vrai, mais je connais les conséquences du silence ou d'un éclat de rire. Les éclats de rire sont les pires. Ce sont eux qui résonnent ensuite plus tard dans la tête et dont on ne peut plus se défaire. Des années plus tard, ils me hantent encore.

J'ai longtemps été dans la position de l'élève harcelé. Mais laissez-moi vous raconter une anecdote. Faisons pour cela un petit bon dans le temps. Je suis au lycée et le harcèlement s'est calmé pour moi. Une chance. Un jour, un nouvel élève arrive dans notre classe. Tout de suite, le groupe sent un décalage entre lui et nous. Il se trouve que ce décalage vient d'un problème de santé, mais peu importe, j'ai envie de vous dire.

Des camarades de classe commencent alors à se moquer de lui. Tout de suite, je décide de m'interposer. Je ne sors pas les gros bras, j'expose simplement mon point de vue : « On n'a pas le droit de se moquer de lui, on ne connaît pas sa vie. Il arrive en cours d'année, on ne sait pas ce qu'il s'est passé dans son précédent établissement scolaire, la moindre des choses serait de l'accueillir et de l'inclure dans notre groupe. »

Eh bien, ça a marché ! Il n'a suffi que de cette prise de parole pour faire cesser les moqueries. On l'a intégré et il a apporté sa pierre à l'édifice de notre groupe.

LE REGARD DE LA PSY

Comment se met en place le harcèlement

La personne qui harcèle ne se sent pas bien dans sa peau (consciemment ou pas). Ce malaise peut se traduire par une volonté de dominer et de projeter son mal-être sur l'autre. L'étude psychologique de différents individus montre aussi que certains d'entre eux ont pour traits de personnalité de l'agressivité, du narcissisme, du machiavélisme et un manque d'empathie. C'est un fait qui est parfois difficile à accepter, mais l'ignorer peut se révéler grave.

Les victimes sont souvent les personnes qui sortent du lot pour une raison ou une autre, et pas forcément pour des raisons dites négatives. Beaucoup d'entre elles appartiennent à des groupes marginalisés en raison de leur genre, de leur ethnie, de leur orientation sexuelle, de différences neurologiques (haut potentiel, autisme discret ou plus manifeste, troubles de l'attention, hyperactivité, troubles dys, etc.) ou de caractéristiques physiques (cheveux roux, lunettes...). Il peut s'agir d'enfants isolés ou déjà fragilisés parce qu'ils manquent d'estime de soi et qu'ils vont moins se défendre. D'autres victimes sont ciblées pour leur réussite. C'est ainsi que beaucoup de jeunes filles cachent leur intelligence afin de rester dans la norme et qu'*in fine* on les laisse tranquilles. Selon le contexte, le harceleur va donc s'en prendre à quelqu'un qu'il identifie comme fragilisé ou, au contraire, qui a de bonnes notes.

Vous devez vous demander pour quelles raisons la plupart des témoins de harcèlement ne réagissent pas quand ils sont confrontés à une situation alarmante. En psychologie sociale, on parle de *bystander effect*. En d'autres termes : chacun pense qu'une autre personne que soi va réagir et intervenir. Résultat ? Personne ne réagit, et le harcèlement peut continuer. Souvent, les autres n'osent pas non plus venir en aide à la victime de peur de devenir victimes à leur tour.

Une étude scientifique[*] a déterminé quatre types de témoins : assistant, renforçateur, marginal, défenseur. Les assistants ne commencent pas le harcèlement, mais viennent y participer au bout d'un moment. Les renforçateurs ne participent pas activement au harcèlement, mais vont soutenir le harceleur. Les marginaux restent à l'écart. Les défenseurs interviennent pour tenter de mettre fin au harcèlement.

Dans l'idéal, ce n'est pas aux enfants témoins d'intervenir directement pour faire cesser le harcèlement. Le mieux pour eux est d'alerter un adulte de confiance.

[*] Salminvalli *et al.*, 1996.

QUE FAIRE QUAND ON EST TÉMOIN DE HARCÈLEMENT ?

- Ne pas rire à une remarque lancée comme une blague.
- Aller voir la victime de harcèlement pour lui manifester personnellement son soutien et lui proposer de témoigner en sa faveur en cas de besoin.
- Prendre la parole et dénoncer les comportements problématiques.
- Alerter un adulte en qui vous avez confiance.
- Livrer des ressources aux victimes (numéro d'écoute, associations...).
- Demander une intervention en classe au sujet du harcèlement, du sexisme, des LGBTphobies, de la grossophobie, du racisme...

Il est important pour moi, maintenant que je suis adulte, d'être celui qui donne l'alerte, quitte à passer pour le chiant de service. Si une remarque me met mal à l'aise, je le dis tout de suite : « Ce n'est pas drôle. » Les gens se mettent alors à réfléchir et à revoir leur position. C'est aussi comme cela qu'on peut faire changer les choses et redistribuer les cartes. À l'intérieur de nos propres cercles d'amis.

Attention, je ne dis pas que je suis parfait ! Il m'est aussi arrivé, par le passé, de rire à une blague et de me rendre compte que cela avait blessé la personne visée. Il n'y a malheureusement pas de degrés dans le harcèlement. Une porte en ouvre rapidement une autre, et les conséquences peuvent être dramatiques. Il est intéressant par exemple de noter qu'un de mes souvenirs les plus douloureux liés au harcèlement provient d'une remarque qu'a lancée une de mes amies quand j'étais au lycée. Son intention n'était pas mauvaise, mais il m'a fallu du temps (et des outils) pour m'en remettre. C'est ce que nous allons voir ensemble dans le chapitre suivant.

LES INFOS UTILES !

POUR UNE ÉCOUTE À DESTINATION DES FAMILLES ET DES VICTIMES DE HARCÈLEMENT SCOLAIRE

➜ téléphone : 3020, numéro gratuit et joignable, sauf jours fériés, de 9 heures à 20 heures du lundi au vendredi, et de 9 heures à 18 heures le samedi.

ASSOCIATIONS DE LUTTE CONTRE LE HARCÈLEMENT SCOLAIRE

➜ Plus Jamais

➜ Parle, je t'écoute

➜ Marion la Main Tendue

➜ HUGO !

➜ Les Papillons

➜ Marcel ment

➜ ALCH (Association de lutte contre le harcèlement)

➜ APHEE (Association pour la prévention des phénomènes de harcèlement entre élèves)

➜ BCH (Biker contre harcèlement)

LIVRES

Marion, 13 ans pour toujours, de Nora Fraisse, Calmann-Lévy

Rouge, de Jan de Kinder, éditions Didier Jeunesse

Comme un million de papillons noirs, de Laura Nsafou et Barbara Brun, éditions Cambourakis

On ne naît pas grosse, de Gabrielle Deydier, éditions Goutte d'or

« Gros » n'est pas un gros mot ; chroniques d'une discrimination ordinaire, de Daria Marx et d'Eva Perez-Bello, Librio

Selfie ; comment le capitalisme contrôle nos corps, de Jennifer Padjemi, éditions Stock

À NOTER DANS SON AGENDA

10 novembre 2023, Journée nationale de lutte contre le harcèlement à l'école.

Ma
différence
est
ma force

3

JE SUIS GROS, ET ALORS ?

Baby, I'm sorry (I'm not sorry)
Feelin' inspired 'cause the tables have turned
Yeah, I'm on fire and I know that it burns.
Demi Lovato

LA BLAGUE DE TROP

Au lycée, le harcèlement continue

Les années passent et se ressemblent. Les cours changent, mais le reste se poursuit à l'identique. Toujours les mêmes élèves, les mêmes professeurs et, surtout, toujours les mêmes blagues. Les mêmes insultes. La seule donnée qui change pour moi : mon poids sur la balance. À chaque pesée, c'est une torture. L'inévitable se produit encore et encore, et je ne peux y échapper.

Pourtant, j'essaye de changer. Je profite du temps libre des vacances d'été pour tenter divers régimes. Je veux, à la rentrée, les impressionner, comme dans les séries télé quand un personnage a pris quinze centimètres et du muscle, et qu'il fait sa rentrée sous le regard ébahi de ses camarades de classe. Dès lors, ils le voient différemment et se mettent à le respecter. Mais, avec moi, rien ne fonctionne. Pire, même, je prends encore plus de poids, laissant aux autres la matière nécessaire pour continuer à m'insulter.

L'été le plus marquant pour moi restera celui entre le collège et le lycée. Je cherche encore une fois, par tous les moyens, à perdre du poids. Je teste de nouveaux régimes, puis je décide de me nourrir exclusivement de fruits, puis de plus rien du tout. Je me dis « nouveau look pour une nouvelle vie, cette fois, ils n'auront rien à me dire ». J'active mon mode warrior, sans me rendre compte que je mets ma santé mentale et physique en danger.

Envie de tester ?

Se parler comme à sa meilleure amie

« T'es moche ! », « T'es dégueulasse », « Arrête de parler tout le temps », « Tais-toi ! » Vous imaginez parler comme cela à votre meilleure amie ? Non ? Eh bien, pourquoi certains d'entre nous se parlent ainsi ?

Quand vous entendez ces voix dans votre tête, essayez de les détourner et de vous parler comme vous parleriez à votre meilleure amie : avec bienveillance, tendresse et amour !

Le matin de ma rentrée, je pleure beaucoup. J'ai peur de retrouver l'ambiance délétère du collège. De mes copines du collège, je n'en retrouve qu'une. Forcément, j'anticipe le retour de « bouboule » ou de « gros sac », et le manque de soutiens et de repères me rend anxieux. Mais voyez-vous, le jour de cette fameuse rentrée, il se passe quelque chose d'extraordinaire pour moi : je me rends compte que, dans ma classe, je ne suis pas le seul gros. Nous sommes plusieurs dans le même bateau !

C'est la première fois que cela m'arrive. Je ne suis pas le seul « bouboule », j'ai désormais un groupe de camarades qui me ressemblent et sur lesquels je sais que je vais pouvoir compter. Tout simplement parce qu'on se comprend. Alors on forme vite un clan. Le « clan des gros », on pourrait dire ! On se serre les coudes pour avancer, et c'est en partie grâce à cela que mes années au lycée se passent bien.

Jusqu'à la blague de trop.

pour bien comprendre ce qui se joue à ce moment-là, revenons un peu en arrière. Après le collège, je décide de m'inscrire dans un lycée professionnel parce que j'en ai ma claque du système scolaire. Je suis en colère contre lui et contre le personnel éducatif, qui n'a jamais su me protéger. Je me lance dans un BAC pro, avec un parcours spécialisé dans le commerce, parce que je me dis que c'est la voie qui me permettra d'être au contact des gens et de travailler rapidement. Malgré ce que certains me font subir au quotidien depuis l'enfance, je ne cesse d'aimer profondément les autres, de vouloir les aider et les accompagner.

Durant ce parcours scolaire, je fais partie d'une section divisée en deux. Nous sommes vingt-huit élèves au total, quatorze dans la section commerce (la mienne !) et quatorze dans la section dédiée à l'accueil administratif. Certains cours nous rassemblent, tandis que d'autres se font par groupe. Vous imaginez bien l'esprit de camaraderie qui peut régner entre quatorze ados qui s'entendent bien. Pourtant, quand nous sommes tous ensemble, je ne suis pas toujours à l'aise. Les élèves de la section accueil administratif me font un peu peur, je les crains parce que je les connais moins. Je sais qu'une remarque sur mon poids ou mon apparence aura vite fait de fuser. Et je ne me trompe pas.

Nous sommes en cours. La professeure nous demande de prendre part à un jeu de rôles. Il nous faut improviser une scène entre un vendeur et un client dans un magasin de vêtements. Je redoute mon tour. Je sais que jouer le rôle du client me met en danger face à toute la classe, mais je n'ai pas le choix. La professeure me demande d'avancer. Elle va évaluer mon camarade, appelons-le Paul, en tant que vendeur. De mon côté, je suis là pour servir de client. La scène commence. Paul cherche à comprendre, en se servant d'une méthode étudiée en classe, ce dont j'ai besoin. Il s'agit, selon le scénario imaginé par la professeure, d'un simple pull.

« Avez-vous une idée du prix que vous voudriez mettre ? », me demande alors Paul, répétant ce qu'il a appris en cours. Je lui donne une fourchette de prix. Il poursuit son investigation : « Au niveau de la couleur du pull, que voulez-vous ? » Bleu, rouge, gris, rose, peu importe… car je connais la question suivante, celle que je redoute le plus, celle qui me hante depuis le début du sketch : « Et pour la taille, que vous faudra-t-il ? » Je n'ai même pas le temps de répondre qu'une élève, qui se trouve être quelqu'un que je considère comme mon amie, s'empresse de crier depuis le fond de la classe : « OHHHHH ! DU 54 AU MOINS ! »

Éclats de rire.

Je me retrouve seul face à l'entièreté de la classe hilare, et l'unique réponse possible pour moi à ce moment-là se traduit par une montée de larmes. C'est alors un tsunami qui vient détruire tout ce que j'ai construit ces deux dernières années. Il a suffi de ce cours, de cette heure, de cette mise en scène, de ce jeu de rôles, de cette question et de cette blague pour me ramener à tout ce qui s'était passé au collège, pour qu'on me recolle sur le front cette étiquette du gros de service. En trois secondes chrono, cette blague a tout détruit. Je redeviens un enfant et je me mets à pleurer.

Alors, sans réfléchir, je prends la fuite. Je quitte la classe et claque la porte, comme dans les films. Cela peut paraître cliché, mais je sais que c'est ce dont j'ai besoin à ce moment-là : évacuer tout de suite ma peine, m'en débarrasser pour que cette tristesse ne s'ancre pas en moi. Je l'exorcise par les larmes.

Ne plus laisser faire

Depuis mes premières années au collège, depuis les premiers surnoms, les premières insultes, aucun adulte du corps enseignant ou du personnel éducatif ne s'est positionné en ma faveur. Ils ont toujours choisi le silence, le déni ou l'ignorance. C'est ce qui a nourri en moi mon aversion pour le système éducatif. Ce jour-là, il se passe quelque chose que je n'attends plus : la professeure me suit. Elle s'approche de moi, pleure à mes côtés et me prend dans ses bras. Elle comprend que j'ai besoin d'être consolé, mais aussi défendu. Nous échangeons encore un peu tous les deux, le temps que je me calme, puis elle me propose de revenir en classe.

Je m'installe à ma place et la professeure reprend la parole. Elle décide de ne pas continuer son cours comme si de rien n'était. Non, elle profite de cet incident pour prendre la parole au sujet du harcèlement scolaire et faire de la prévention. Ensuite, elle demande à ma camarade de classe de me présenter ses excuses et me laisse choisir sa punition : 2 heures de colle, ou un avertissement, ou une mise à pied...

LE REGARD DE LA PSY

Vivre ses émotions, pleurer un bon coup

On dit que les émotions refoulées ne meurent jamais. Nos émotions ont un objectif. Chacune d'entre elles nous livre un message. La colère nous indique que nos limites n'ont pas été respectées et qu'il faut les remettre en place. La peur, qu'il y a danger et qu'il faut faire attention. La tristesse, qu'il y a quelque chose à lâcher... Mais, dans la société actuelle, nous nous sommes éloignés de nos émotions et nous avons tendance à les refouler. Or, si on les écoutait davantage, on aurait de très bons guides pour avancer dans la vie.

Voici une métaphore, celle du roi, du chevalier et de l'émotion. Je vis quelque chose qui provoque de l'émotion. Cette émotion est très importante. Le roi appelle son chevalier et lui confie la mission de me livrer cette émotion, en lui précisant que le message derrière elle est tellement important qu'il ne doit pas rentrer au château sans l'avoir livré. Sinon, il sera gravement puni. Le chevalier part, arrive chez moi, toque à la porte. Si j'ouvre, il me livre le message, je l'accueille, j'apprends quelque chose d'important qui m'aide à avancer. Si je ne réponds pas, le chevalier ne repartira pas avec l'émotion et son message. Il risque gros s'il n'accomplit pas sa mission. Alors il reste. Il toque de nouveau, plus fort cette fois. À chaque fois que je ne réponds pas, il patiente, puis il retente, avec plus d'intensité à chaque fois. Si je continue à l'ignorer, il arrivera à un moment donné quelque chose de tellement fort que je ne pourrai plus l'ignorer : une grosse crise d'angoisse ou de rage, une maladie, des problèmes psychosomatiques... Mes émotions sont tellement importantes que mon corps me pousse à les écouter.

Exprimer ses émotions est donc important, mais les comprendre l'est tout autant.

« Peu importe ce que tu décides, je serai derrière toi », m'assure ma professeure. Je me sens intouchable, moi qui ai été touché par tout et par tout le monde depuis tant d'années.

Cela étonnera certains d'entre vous, mais je choisis la première option, celle que je juge la moins sévère. Cette punition, aussi minime soit-elle, renverse malgré tout le rapport de force, en l'espace de dix minutes seulement. L'observer me donne un petit goût de victoire. Je comprends, grâce à l'intervention de cette professeure, que je peux reprendre le pouvoir.

Mon amie, de son côté, est effondrée. À la fin du cours, elle vient me voir pour me présenter à nouveau ses excuses, dans un cadre plus intime. Je lui réponds : « T'inquiète, ce n'est pas grave. » Je ménage sa peine. La tristesse est déjà derrière moi, et je souhaite passer à autre chose, terminer cette journée ensemble sans le poids de cet incident sur nos épaules.

Elle a été sanctionnée, et doit maintenant affronter la peine qu'elle s'impose à elle-même de m'avoir blessé. Je sais qu'elle s'en veut, alors je ne lui en tiens plus rigueur. Qui suis-je pour ne pas pardonner ? Je ne veux pas traîner avec moi le poids des mots toute ma vie, ni cultiver un sentiment de colère, de haine ou de revanche. Ces émotions négatives ne sont pas pour moi.

Les gens qui harcèlent ou qui lancent des blagues sur le physique des autres se font plus de mal à eux-mêmes qu'ils n'en font aux autres. Bien sûr, certaines de ces remarques laissent des traces sur moi et je sais que cela va être le combat de ma vie, mais je sais aussi que je suis bien avec qui je suis… contrairement aux harceleurs, dont le comportement cache un profond mal-être.

J'AI HARCELÉ : QUE FAIRE ?

Première étape : prise de conscience

Rire à une blague, traiter quelqu'un de « gros sac » dans la cour ou sur Internet, répandre une rumeur auprès d'autres élèves… le harcèlement prend de multiples formes, et la première étape, avant même de chercher une forme de réparation pour les victimes, est de prendre conscience qu'on a harcelé.

Peut-être vous rendez-vous compte, à la lecture de ce livre, que vous avez été, sans même vous en rendre compte sur le moment, l'auteur d'actes de harcèlement à certains moments de votre vie. Soufflez un bon coup, c'est normal, ça va bien se passer.

Pour les autres, celles et ceux qui ont conscience de leur passé et qui savaient qu'ils avaient harcelé avant même d'avoir ouvert ce livre, passez directement à l'étape suivante.

Deuxième étape : comprendre pourquoi

Si vous avez attentivement lu les deux premiers chapitres de ce livre, vous savez désormais que le harcèlement repose sur plusieurs critères :

- la volonté d'instaurer un rapport de force entre soi et la victime ;
- la volonté d'asseoir son autorité sur l'échelle sociale ;
- se protéger d'un éventuel harcèlement ;
- se valoriser soi-même.

Je ne cherche pas d'excuses aux harceleurs, j'explique simplement des faits. La société telle qu'elle est organisée aujourd'hui encourage ces comportements. Tant que le pouvoir et la popularité seront valorisés, tant que la hiérarchie entre les individus sera maintenue, le harcèlement continuera.

Comprendre pourquoi on a harcelé demande un vrai travail sur soi, une introspection qui peut être douloureuse. Alors, si vous en ressentez le besoin, faites-vous accompagner d'une ou d'un professionnel de santé.

Troisième étape : demander pardon

Si vous en avez l'occasion, demandez pardon, cela peut être réparateur pour la personne harcelée comme pour vous. Attention cependant, on veille à bien demander pardon, et non à s'excuser. Les phrases « je suis désolé », « je reconnais t'avoir fait mal » et « je te demande pardon » ont parfois des effets magiques. Ne vous attendez pas pour autant à une réponse de la part de la victime ; il s'agit là de son choix.

Quatrième étape : se pardonner

C'est peut-être pour certaines et certains d'entre vous l'étape la plus difficile : se pardonner d'avoir fait du mal une fois qu'on en a pris conscience. Pour cela, il n'y a pas de recette magique ; le temps fera son effet, et un accompagnement psychologique peut aider. Encore une fois, si votre démarche est sincère, que vous regrettez vos actes et que vous avez envie d'avancer, d'être une meilleure personne, accrochez-vous à cette ligne de conduite. Votre passé vous servira désormais de boussole : il indiquera une direction vers laquelle vous ne devez surtout pas aller, pour votre bien et celui des autres.

Les gens qui harcèlent ou qui lancent des blagues sur le physique des autres se font plus de mal à eux-mêmes qu'ils n'en font aux autres.

LE REGARD DE LA PSY

Comment se pardonner à soi-même quand on a harcelé ?

« Fais le mieux que tu peux jusqu'à ce que tu saches mieux faire. Quand tu sais mieux faire, fais mieux », a dit Maya Angelou, écrivaine américaine. Nous sommes tous des êtres humains. On fait des erreurs. Cela fait partie de la vie. Il y a maintes raisons qui expliquent que l'on pourrait être soi-même un harceleur, comme le fait d'être en souffrance, d'être témoin de disputes dans son foyer ou d'un comportement abusif de la part d'un parent sur l'autre, d'être soi-même victime de comportements abusifs de la part d'un adulte ou d'un membre de la famille, ou encore d'être exposé à des contenus violents à un âge précoce.

Parfois, pour bien comprendre, un suivi thérapeutique peut être nécessaire. Apprendre à avoir un regard plus aimant envers soi aide aussi à avoir un regard plus aimant envers l'autre.

Quelles solutions face au harcèlement scolaire ?

En France, la lutte contre le harcèlement scolaire prend de l'ampleur depuis le milieu des années 2010. Il a fallu que des jeunes se suicident pour que le gouvernement agisse et mette en place des mesures à travers pHARe, un programme de prévention contre le harcèlement scolaire. Il est déployé depuis la rentrée 2022 dans les écoles élémentaires et les collèges publics. Il est encore trop tôt pour déterminer si ce programme fonctionne, mais il a le mérite d'exister.

Ses objectifs ?

- Former le personnel à des méthodes pour enrayer les situations de harcèlement.
- Sensibiliser les élèves à raison de 10 heures de cours par an.
- Rendre les élèves acteurs et actrices de la lutte contre le harcèlement en nommant des ambassadeurs et des ambassadrices (au collège uniquement).

Votre enfant, votre nièce ou votre petit frère est au collège ou au lycée ? Votre partenaire, votre mère ou votre père, votre tante ou votre voisin travaillent dans un établissement scolaire ? Parlez-lui de ce programme et de ce qu'il ou elle peut faire à son échelle pour mettre un terme à ce fléau qui, rappelons-le, coûte des vies.

Mais ces mesures ne suffiront pas pour enrayer le harcèlement à l'école.

Alors moi, Bouboule 42, voici mon programme politique pour aller plus loin :

- 1 heure de cours d'acceptation de l'autre PAR JOUR ;
- séances de bienveillance obligatoires ;
- cours d'apprentissage de compliments à autrui et à soi-même ;
- prévention par le biais d'intervenants extérieurs à l'établissement.

Voici un autre programme dont j'aimerais vous parler. Il s'agit de Fri For Mobberi, une méthode danoise testée et approuvée contre le harcèlement scolaire. Littéralement, *fri for mobberie* signifie « libéré du harcèlement ». Cette méthode, aussi adoptée en Estonie, au Groenland, en Islande, en Norvège et en Roumanie, vient de débarquer en France, où elle est expérimentée dans plusieurs écoles maternelles du 18e arrondissement de Paris et de Saint-Ouen-sur-Seine depuis le début de l'année 2023. Le concept : il s'agit de « créer des communautés bienveillantes d'enfants dans lesquelles aucun membre ne peut se sentir exclu, et où le harcèlement n'aura donc normalement aucune chance de s'immiscer », peut-on lire dans un article de *Libération*[1].

Pour mettre en place cette méthode, les enseignantes et les enseignants doivent être formés. Ils ont ensuite à leur disposition une petite mallette où l'on trouve plusieurs objets, et notamment un ours en peluche, la mascotte de la méthode. Il s'agit d'un « ami » vers lequel les enfants peuvent se tourner en cas de besoin. Si un enfant remarque la tristesse d'un camarade, il peut aussi lui tendre l'ours. C'est une manière pour eux de se consoler sans avoir à utiliser de mots.

Dans cette méthode, les enfants construisent avec les adultes les règles de la classe. Ils peuvent aussi pratiquer des massages les uns sur les autres (en respectant le consentement de chacun), et jouer des situations de harcèlement pour mieux les comprendre et les déjouer.

Dès le mois de septembre 2023, l'ensemble des enseignantes et des enseignants français intéressés par la méthode Fri For Mobberi pourront se former. Une bonne nouvelle pour la prise en compte du harcèlement dans nos établissements scolaires !

• • • • • • • • • • •

1. « Harcèlement scolaire : *Fri For Mobberi*, la méthode danoise pour que les enfants veillent au bien-être de tout le monde », Elsa Maudet, *Libération*, le 21 février 2023.

LA NAISSANCE DU NOUVEAU MOI

Mode warrior activé

Ce fameux jour de « la blague de trop », allez savoir pourquoi, je décide que ce type de remarques n'aura plus jamais d'impact négatif sur moi. Je sens naître le nouveau moi. Je ne souffrirai plus de harcèlement. Je ne douterai plus de moi. Je ne verserai plus de larmes. Plus jamais. À ce moment précis, ce qui a toujours été ma faiblesse et mon point sensible devient ma force et mon plus beau combat.

Je suis Gaëtan. Je suis gros. Mais je suis moi.

C'est parti pour le début de ma nouvelle vie, une vie que je me souhaite folle et grandiose, à l'image de ma personnalité débordante de joie, exubérante et sensible. J'entre enfin dans le monde des adultes et je laisse toute cette souffrance derrière moi. Mode warrior activé !

Au cours de ma vie, je me suis souvent mis dans ce mode warrior : quand j'ai compris que je n'allais pas faire le poids face aux harceleurs au collège, le jour de la rentrée au lycée… J'ai lancé le mode combat pour me préserver des violences des autres. Après cette blague de trop, j'ai un déclic : je décide que je ne quitterai pas cette terre sans avoir mis ma pierre à l'édifice de la lutte contre le harcèlement. Je veux que mon vécu serve à quelque chose. Je sais que je ne peux pas changer le monde, je ne prétends pas pouvoir faire plus que ce dont je suis capable, mais je sais que je peux agir à mon échelle, aider les gens à se libérer, à se sentir moins seuls, à se libérer de leur peine et de leur tristesse.

Ce nouveau combat s'installe graduellement dans ma vie. Au quotidien, je milite et je fais de la prévention auprès de mes proches, bien sûr, auprès de mes frères, qui ont des enfants. Je ne laisse passer aucune remarque, même prononcée sur le ton de la blague, à propos du physique ou du comportement des gens. Tant pis si ça vexe, je me dois de faire de la pédagogie.

Mon combat s'inscrit aussi sur les réseaux sociaux, même si je ne parle pas tout de suite de mon expérience personnelle avec le harcèlement. C'est un sujet que j'aborde régulièrement, mais de façon générale. En réponse à mes messages de prévention, des abonnés me confient régulièrement leur propre expérience, comme pour s'en libérer. Je sais que se confier fait du bien.

J'aborde aussi d'autres sujets qui me tiennent à cœur, comme l'homophobie ou les violences faites aux femmes. Un soir, une fille vient me parler dans un bar. Elle me confie qu'une de mes stories parlant d'amour lui a servi de déclic. Elle s'est rendu compte qu'elle était dans une relation très toxique. Elle a quitté son copain et repris sa vie en main. Quand elle me raconte son histoire, c'est la claque : je comprends l'impact concret de mes mots dans la vie des gens.

Je n'agis pas simplement en ligne ou auprès de mon cercle proche. Je me rends dans les établissements scolaires pour partager mon histoire. Je commence toujours par dire aux élèves que je me mets à nu devant eux et qu'on est ici pour échanger dans un espace « safe ». C'est une victoire lorsqu'une ou un élève prend ensuite la parole pour témoigner de sa propre expérience.

Je me souviens d'une intervention particulièrement émouvante dans un collège. Comme d'habitude, je raconte mon histoire, puis je laisse la parole aux élèves désirant s'exprimer. Une jeune fille, rouge et la voix tremblante, commence à raconter le harcèlement qu'elle a subi. À mesure qu'elle partage son histoire, je la vois évoluer. Elle reprend une couleur normale, pose mieux sa voix et affirme sa présence. À la fin de son récit, elle termine simplement par « ça y est, c'est fait », comme si le simple fait de s'être exprimée l'avait libérée. Une autre fille lève alors la main. « Moi aussi, je veux témoigner, mais en tant que harceleuse. » À la fin de cette sensibilisation, je sors de l'établissement bouleversé, en larmes. C'est pour ce genre de dialogue et de création de liens que je fais tout cela.

Témoigner publiquement

Devenir ce nouveau moi m'a alors permis de réaliser un exploit : raconter publiquement mon histoire à la télévision.

Je vous peins la scène : je suis au travail et, pendant ma pause, je découvre dans ma boîte mail un message de la production de NRJ12. On m'explique que Jean-Marc Morandini prépare une émission sur le harcèlement scolaire et on me propose d'intervenir. J'appelle la production sur-le-champ, et voici le résumé de cet échange :

— Coucou, veux-tu venir sur le plateau télé pour raconter ton histoire ?

— Ouais grave !

— Bah viens !

— Top !

Je reçois des billets de train, et deux jours plus tard je suis en direction de Paris, je passe au maquillage, on me pose un micro et paf ! je me retrouve en face de Jean-Marc Morandini sur le plateau de *Crimes et faits divers*. Je n'ai ni le temps de réfléchir ni le temps de stresser. Je raconte publiquement mon histoire pour la première fois.

Je me souviens à quel point cette prise de parole a été libératrice et a confirmé mon envie : aller au combat contre le harcèlement scolaire et, surtout, porter un message d'espoir. Sur le plateau de Morandini, on ne me laisse pas cette opportunité. Il veut absolument m'entendre dire que j'ai eu des pensées suicidaires, ce qui n'est pas le cas.

En sortant de l'émission, j'appelle tout de suite ma mère. À l'autre bout du fil, elle est en larmes. Je ne lui avais jamais parlé du harcèlement, alors elle est sous le choc de le découvrir ainsi. Mais désormais, je ne me demande plus si je vais lui faire du souci, car je sais que tout cela est derrière moi. Il n'y a plus de raison de s'inquiéter, ni même d'en parler. Pour elle et ma famille, cette information est nouvelle, mais moi, je suis guéri, je ne veux pas qu'on rouvre cette plaie.

Quand je me connecte sur mes réseaux sociaux, je reçois une pluie de messages de solidarité, d'amour et de bienveillance. Bien sûr, mes amis me manifestent leur soutien, mais il y a surtout le come-back de celles et ceux qui ont contribué à mon harcèlement. Ils sont une petite poignée à me présenter leurs excuses, et pour moi c'est une grande victoire.

Il y a une autre victoire dont j'ai envie de vous parler : la fois où je suis montée sur la scène de l'Olympia en juin 2021 ! Là encore, je suis tranquille, dans ma petite vie, je me pavane entre mon canapé et mon lit quand mon agent, celui qui fait le lien entre moi et les marques ou les structures qui veulent travailler avec moi, m'appelle. On me propose de devenir l'un des ambassadeurs du Psychodon, un mouvement visant à sensibiliser les gens et à récolter des fonds pour défendre la santé mentale. Ce sujet me tenant à cœur, je dis oui tout de suite, sans même savoir ce qui m'attend.

Les semaines passent, et je rencontre enfin à Paris Didier Meillerand, le créateur du Psychodon. C'est comme cela que j'entends parler d'une soirée à l'Olympia. Au début, je crois naturellement que je serai dans le public, mais on m'explique qu'en tant qu'ambassadeur je vais devoir monter sur la scène et témoigner. Je suis pris de stress, tétanisé à l'idée de parler devant deux mille personnes, et je refuse la proposition. Puis, en y réfléchissant, je me convaincs d'y aller pour libérer la parole, encore une fois, car c'est pour cela que je suis là et que je fais tout ça.

Jour J. Je ne comprends rien à ce qui se passe. Dans les coulisses, Zaz est à côté de moi, puis je croise Yannick Noah (pieds nus !). Le moment de mon intervention arrive. J'entre sur scène et, je ne sais pas ce qui se passe, je perds mes moyens. C'est affreux ! Pendant trente secondes, rien ne veut sortir de ma bouche. Deux mille personnes me regardent et je n'ai qu'une envie : partir en courant.

Soudain, j'entends une personne du public crier « T'es beau ! » et tout le monde applaudit. J'en profite pour me ressaisir. Elle a raison, cette personne, je suis beau… Alors je me lance. Je parle de la santé mentale, je donne des conseils pour en prendre soin, évidemment je lie mon propos avec le sujet du harcèlement scolaire, et c'est déjà fini. En sortant

de scène, je me sens fier. J'ai vaincu ma peur des gens, de la foule et du regard des autres. J'ai apporté mon témoignage, ma petite pierre à l'édifice, et je comprends que c'est pour cela que je suis sur les réseaux sociaux. C'est pour ce genre de moment, de témoignage, pour aider les gens, tout simplement.

Ouvrir le dialogue avec son entourage

Quand mes proches découvrent mon histoire à la télévision, ils sont chamboulés. Ma mère me présente ses excuses. Elle regrette de ne pas avoir été suffisamment présente. Mais, vous l'avez compris, j'ai moi-même construit des barrières pour lui éviter des soucis. C'était ma décision, et je ne dis pas qu'il faut suivre mon exemple. Je croyais que le harcèlement était mon problème, que j'en étais en partie responsable, et je ne voulais pas imposer tout cela à mes proches.

Avec le recul, je me dis bien entendu que plus on est entouré, mieux on peut surmonter ces années de difficultés. Mon soutien, je l'ai trouvé auprès de mes amies du collège, et je leur en serai à jamais reconnaissant.

Avec ce livre et mon expérience, j'espère que vous comprenez que le harcèlement ne peut pas se vivre en solitaire, que vous soyez victime ou témoin. Comment ouvrir le dialogue avec vos proches, qu'il soit de votre famille ou de votre cercle amical ? Voici mes conseils.

→ Premier conseil : choisir la ou les bonnes personnes

De faux amis peuvent parfois se glisser dans votre entourage. Il s'agit de ceux qui rient aux blagues dont vous êtes la cible ou qui ne réagissent pas quand quelqu'un vous bouscule dans la cour de récré. Évitez de vous confier à eux. Choisissez de vous adresser à celles et ceux qui vous aiment tel que vous êtes, comme vos parents par exemple ou tout autre adulte en qui vous avez confiance.

→ Deuxième conseil : choisir un endroit *safe*

Ouvrir son cœur, même à des personnes de confiance, demande de se sentir en sécurité. Si la cour d'école est un endroit qui vous rend angoissé ou anxieux, mieux vaut l'éviter. Trouvez un lieu plus adapté, comme le CDI, si vous voulez parler à un ami ou à une personne de confiance de votre établissement. Votre chambre peut également constituer un endroit sûr.

→ Troisième conseil : choisir le bon moment

Pour se sentir entendu et pris en compte, prenez la parole à un moment où la personne à qui vous souhaitez vous confier est disponible. Un trajet en voiture, une balade dans la nature ou encore le moment du repas (sans télévision) peuvent constituer de bons moments pour échanger.

→ Quatrième conseil : exprimer votre besoin d'aide

Demander de l'aide peut être difficile pour certaines et certains d'entre vous, mais il n'y a aucune honte à le faire. Rappelez-vous de cela et exprimez clairement ce dont vous avez besoin : « Peux-tu alerter la direction de l'établissement ? », « Peux-tu exprimer ton soutien ? », « Peux-tu passer du temps avec moi ? »

→ Cinquième conseil : saisir une personne-ressource

Enfin, rappelez-vous que, depuis septembre 2022, les établissements scolaires doivent nommer au moins cinq personnes-ressources par collège et par circonscription du premier degré. On sait que les mesures ne sont pas encore parfaites, que les établissements ne réagissent pas toujours bien quand un signalement est fait, mais ces personnes ont désormais été sensibilisées aux ressorts du harcèlement scolaire. Elles pourront au moins vous écouter, et ensuite, si elles sont formées, vous aider grâce à une méthode appelée « méthode de la préoccupation partagée[1] » (MPP). De quoi s'agit-il ? Il s'agit d'un protocole permettant d'engager les harceleurs dans la mise en place d'actions concrètes pour mettre fin au harcèlement scolaire. Par ailleurs, il s'agit aussi de soutenir les élèves victimes et de leur garantir bien-être et sécurité. Cette méthode se déploie sur plusieurs étapes[2].

D'abord, un entretien est mené par des membres de l'équipe encadrante avec le ou les élèves pris pour cible. Il s'agit d'offrir un espace d'écoute et de parole, mais aussi d'un moment pour assurer à la victime un soutien. Cette étape permet enfin d'identifier les harceleurs.

Ensuite, un court entretien de deux ou trois minutes au maximum est organisé entre le(s) harceleur(s) et d'autres membres de l'équipe. Il ne s'agit pas de punir d'emblée les harceleurs, mais plutôt de leur faire part de l'inquiétude de l'équipe encadrante pour l'élève victime d'intimidation. L'idée est la suivante : il s'agit de faire reconnaître au(x) harceleur(s) qu'un élève est en souffrance et de le ou les amener à trouver des solutions pour qu'il ne le soit plus. Les entretiens doivent être renouvelés jusqu'à ce que les solutions soient trouvées par les harceleurs eux-mêmes.

Troisième étape : le suivi de chaque partie. L'équipe encadrante s'assure que les élèves harceleurs ont bien mis en place les solutions proposées ; dans le même temps, elle consulte régulièrement l'élève pris pour cible afin de vérifier l'amélioration de sa situation.

1. *Harcèlement scolaire : le vaincre c'est possible ; la méthode de la préoccupation partagée*, Jean-Pierre Bellon, Bertrand Gardette, Marie Quartier, ESF, 18 mars 2016.

2. https://www.preoccupationpartagee.org/

Envie de tester ?

Un coup d'œil dans le rétroviseur

On dit souvent, à raison, que ressasser son passé est mauvais pour soi. Dans certaines situations pourtant, il s'agit au contraire d'un outil particulièrement utile pour prendre conscience du chemin parcouru.

Pour réaliser cet exercice, prenez une feuille et un stylo (ou ouvrez l'appli Notes de votre téléphone !) et replongez dans les principales étapes de votre vie afin d'y consigner vos réussites, vos accomplissements, vos fiertés et tous les obstacles que vous avez rencontrés et surmontés.

Gardez ensuite cette feuille à portée de main : en cas de coup de mou ou de moment de désespoir (« Je suis nul ! », « Je n'arrive à rien » « À quoi bon essayer ? »), vous n'avez plus qu'à vous y replonger pour constater que vous n'êtes pas un bon à rien. Coup de boost garanti !

MES OUTILS DE PROTECTION

Trouver des modèles : Lady Gaga

Printemps 2008, j'ai dix ans et je découvre le clip de « Just Dance », de Lady Gaga. J'en suis waouh ! Je me demande ce qu'il se passe ! Elle est magnifique, blonde, belle, il y a du maquillage, des paillettes, ça brille tellement que je suis tout de suite émerveillé et fasciné par cette personnalité. Je l'aime instantanément, et je regarde le clip en boucle.

Just dance
Gonna be okay

Puis sortent « Poker Face », « Eh, Eh (Nothing Else I Can Say) », « Love Game » ou encore « Paparazzi », et je prends plaisir à écouter la musique de Lady Gaga, mais aussi à la regarder en interview. Je ne parle pas anglais, mais j'essaie de comprendre ce qu'elle y raconte.

Je me rends compte de tout ce qu'elle a dû entreprendre pour en arriver là, pour prouver son talent. Les maisons de disques lui ont claqué plusieurs fois la porte au nez, et pourtant elle est là. Je suis impressionné par sa détermination et son courage à rester fidèle à qui elle est.

I just wanna be myself,
and I want you to love me for who I am

Lors de mes recherches, je tombe sur une interview où elle raconte avoir été victime de viol. Elle s'y met à nue. Elle enlève les masques, les paillettes et les attributs de la célébrité pour s'offrir à nous telle qu'elle est.

Naïvement, je me sens alors proche d'elle, comme si elle était à ma portée. Je me sens concerné parce que, moi aussi, à douze ou treize ans, j'ai des choses à dire. Mais je ne le fais pas. Lady Gaga le fait pour moi, pour nous. Elle dit tout ce qu'elle a vécu, et c'est comme cela qu'elle devient un modèle pour moi.

Quand je décortique les paroles de ses chansons, je n'y vois que tolérance, bienveillance, amour de soi et des autres. Pour moi, « Born This Way » est l'hymne de la tolérance. Que tu sois gay, bi, trans ou hétéro, peu importe d'où tu viens, tu es né pour être une superstar ! Mine de rien, ce message donne de l'espoir. C'est pour ça que je continue de la suivre après toutes ces années. Je lis tout ce qu'elle dit, je suis tout ce qu'elle fait, et je l'aime toujours autant parce qu'elle m'a tellement aidé à croire en mes rêves et à avoir confiance en moi…

I'm beautiful in my way 'cause God makes no mistakes
I'm on the right tracks, baby, I was born this way

La sortie de « Born This Way » coïncide aussi avec la prise de conscience de ma sexualité, et c'est donc un vrai coup de pouce qui m'aide à briller tel que je suis. Je ne suis pas toujours d'accord avec ses choix (porter une robe faite de morceaux de viande à une remise de prix, par exemple), mais j'aime qu'elle assume toutes ses envies, sans concession, tout en restant profondément humaine et honnête par rapport aux épreuves qu'elle traverse. Le jour où elle a annoncé qu'elle souffrait d'une fibromyalgie, je lui ai envoyé un message sur Instagram : « T'es comme ma mère ! » Vous vous rendez compte ? Lady Gaga a la même maladie que ma mère ! Je trouve ça fou !

I'm not nothing unless I know I can
I'm still something if I don't got a man
I'm a free woman

Je ne l'ai jamais vue en concert, mais j'ai pour projet de boire un café un jour avec elle. Ce serait dommage de se rater, alors je l'écris ici, histoire de forcer le destin…

Bien sûr, je n'écris pas tout cela pour vous convaincre d'aimer Lady Gaga et sa musique. Je souhaite vous montrer à quel point ses chansons et ses prises de parole ont été de vrais piliers dans ma vie, des phares vers lesquels me tourner quand je me sentais perdu, des refuges pour me consoler, un espoir qu'une vie meilleure était à ma portée. Avoir dans sa vie une personnalité qui vous inspire, qui porte des messages positifs qui résonnent avec vos propres aspirations et valeurs, est important. Qu'il s'agisse d'une pop star, d'un astronaute, d'une activiste ou même d'un personnage de fiction, peu importe. L'important est d'avoir une ou des figures qui vous inspirent et vous montrent qu'une autre voie est possible.

Envie de tester ?

Le vision board

Pour vous inspirer encore plus, vous pouvez créer un *vision board* (« tableau de visualisation », en français) des personnalités qui vous inspire le plus. Rassemblez des pages de magazines et/ou imprimez des photos de Lady Gaga, de Thomas Pesquet, de Beyoncé, de Harry Styles ou qui sais-je encore et amusez-vous à les découper puis à les coller sur une grande feuille blanche.
Vous pouvez ajouter des mots qui vous font du bien, de la couleur, des paillettes ou encore des stickers. Une fois votre œuvre terminée, accrochez-la au-dessus de votre lit, de votre bureau ou devant votre porte d'entrée pour l'avoir sous les yeux à plusieurs moments de la journée.

Vous pouvez bien entendu effectuer ce collage directement sur l'ordinateur et l'imprimer par la suite ou le mettre en fond d'écran pour l'avoir toujours avec vous.

Cultiver sa naïveté

Naïveté : *simplicité et ingénuité de quelqu'un qui exprime naturellement et avec confiance ses sentiments*.*

* Définition du Larousse.

Dans ma tête, tout le monde est gentil, la vie se voit en rose et ce qui est grave ne l'est pas vraiment. Même les méchants ont forcément de la gentillesse en eux. C'est ce que je pense depuis toujours, et c'est pour cela qu'on dit de moi que je suis naïf. Si on se croise dans la rue et que vous m'annoncez que vous venez de gagner 2 000 euros, je vais vous croire et être ultra-content pour vous ! C'est très simple : je crois tout ce qu'on me dit !

On pourrait penser que cette naïveté est un handicap au quotidien. De mon côté, je la vois comme un atout : la naïveté me permet de ne pas envier les autres, parce que je suis toujours content pour les gens. J'ai envie de les pousser et de les encourager pour qu'il leur arrive des choses bien dans leur vie. C'est plutôt avantageux dans une société qui cultive en permanence la comparaison et la compétition, en particulier sur les réseaux sociaux et dans ma génération.

On le sait pourtant, se comparer sans cesse n'est pas sain pour soi-même. On devient un insatisfait chronique, on n'est jamais assez fier de soi, parce que, *spoiler alert*, il y aura toujours mieux que soi, quelqu'un de plus beau, de plus heureux, avec plus d'abonnés et plus de vues. Et tant mieux ! Parce qu'on s'en fiche de ce que font les autres. L'important, c'est ce que tu fais toi, dans ta vie, sur tes réseaux, à ton niveau.

Bien sûr, j'ai appris à laisser de côté la comparaison sur les réseaux sociaux. Au début, j'avais toujours un œil sur mon nombre d'abonnés, de commentaires ou de vues, et puis j'ai compris que cela ne servait à rien. J'avais envie d'être unique dans ma vie de tous les jours, alors pourquoi ne pas garder cet état d'esprit sur les réseaux ? Ce sont bien mes vidéos, mes publications, mes abonnés et mon nombre de vues. Les chiffres sont ce qu'ils sont, et ils n'appartiennent qu'à moi.

Ce travail de détachement, je ne l'ai pas fait en un jour. C'est difficile pour moi de vous donner des conseils concrets car c'est un véritable travail à faire sur soi-même pour s'en défaire, mais voici ce que vous pouvez mettre en place…

→ Tenir un journal de gratitude

J'ai appris à cibler tout ce qui m'arrivait de positif dans ma journée. Le soir, avant de m'endormir, je me repasse ma journée et je repense à toutes ces choses bien qui me sont arrivées, aussi petites soient-elles. Même dans les pires journées, il y a forcément une chose positive qui arrive, comme boire un bon café, se rendre chez le coiffeur ou croiser le sourire d'un piéton sur la route du boulot ou des études. Vous pouvez faire comme moi et vous contenter de les énoncer dans votre tête avant de dormir, ou les consigner dans un journal de gratitude afin de les relire de temps en temps.

→ Célébrer les petites victoires

Remplir un document administratif, apprendre les paroles d'une nouvelle chanson, cuisiner un nouveau plat, faire rire son entourage, terminer un projet pour les études ou le travail, écrire ses pensées… il existe tellement de petits actes du quotidien qui méritent qu'on prenne le temps de les célébrer ! Avec, à la clé, plus de positivité dans sa vie, mais aussi une belle façon de prendre conscience du chemin parcouru.

→ Noter ses journées

Avec un ami, on s'envoie tous les jours une note de notre journée entre 0 et 10. Parfois, je suis à 8 ou 9 et je sais que la journée a été géniale. D'autres fois, je suis à 4. Cela me permet d'en parler et de comprendre pourquoi ma note n'a pas été plus haute, mais aussi de prendre en compte tout ce qui m'est arrivé de positif.

• • • • • • • • • •

L'écriture : un outil thérapeutique

En classe de cinquième, je découvre les dissertations en cours de français. J'adore ça ! Je prends un réel plaisir à écrire. Je suis très investi dans ce travail et j'en récolte les fruits : je décroche les meilleures notes de la classe ! Alors j'ai une idée : parler de moi ! C'est comme cela que je commence à écrire des textes qui me concernent… et me délivrent !

L'écriture devient pour moi un véritable outil thérapeutique. Quand je pose mes pensées sur le papier, elles deviennent concrètes, elles sont comme officialisées. Si j'écris « je ne vais pas bien », je l'officialise, je l'exorcise en même temps. Un peu comme Lady Gaga quand elle parle de son viol en musique. Elle l'écrit et elle le chante. Je fais la même chose, sauf que je ne le chante pas. À la place, je le brûle. Ensuite, je peux me concentrer sur comment faire pour contrer ce mal-être et aller mieux. Réduire symboliquement mon mal-être en cendres aide déjà un peu.

Je vous invite à essayer. Écrivez ce qui vous passe par la tête ou ce qui vous préoccupe dans les pages suivantes. Mettez-y l'intention, une écriture rapide et énorme, une écriture fluide et douce. Des gribouillis peuvent aussi faire l'affaire ! Certaines personnes conseillent d'écrire le matin, d'autres le soir. À vous de trouver le moment le plus approprié pour vous.

Envie de tester ?

Posez sur le papier ce qui se passe à l'intérieur de vous, relisez et observez ce que vous ressentez.

LES INFOS UTILES !

LIVRE

M.O.I. mon cahier d'écriture thérapie, de Florence Davoust et d'Ewa Brandt, éditions Larousse

FILM

Gaga : Five Foot Two, documentaire sur Lady Gaga, à voir sur Netflix

PLUS JAMAIS
ON NE ME
MANQUERA
DE RESPECT

4

SI LES GENS VEULENT ÊTRE DES CONNARDS, ILS LE SERONT

I'm lookin' for motivation
I'm lookin' for a new foundation
And I'm on that new vibration
I'm buildin' my own foundation.
Beyoncé

L'ENTRÉE DANS LE MONDE DU TRAVAIL

Prendre soin des autres : une vocation

Une fois mon bac pro en poche, je n'ai qu'une envie : arrêter l'école et exercer un métier qui me permette d'être au contact des gens. Se posent alors deux questions cruciales : où et comment ? Je postule dans des boutiques de vêtements ou de chaussures, mais je ne suis pas un vendeur, alors on ne me rappelle jamais. Je me retrouve dans les supermarchés, où je fais d'abord de la mise en rayon, parce qu'il s'agit du seul domaine où j'ai un peu d'expérience, puis je décroche un poste à la caisse d'un grand supermarché.

Encaisser les courses des gens, j'ai toujours trouvé cela très intime. On est témoin de ce qu'ils s'apprêtent à manger, c'est un bout de leur vie que je fais passer entre mes mains. Pour ne pas m'ennuyer, je m'imagine leur quotidien. Le métier me plaît, parce que je trouve ce contact que je cherchais tant. Les moments que je préfère, ce sont ceux que je passe avec les petites mamies qui viennent faire leurs courses dès l'ouverture du supermarché, à huit heures du matin. On piaille à la caisse, et je constate que ces brefs moments d'échange peuvent être thérapeutiques pour elles. Un jour, une femme se rend à ma caisse en pleurs. Je ne lui pose pas de questions, parce que je ne suis pas là pour entrer dans son intimité, mais je me donne une mission : qu'elle reparte avec le sourire. Grâce à ma bonne humeur communicative, je développe de chouettes relations avec ces habituées, qui choisissent de passer à ma caisse à chaque fois qu'elles le peuvent. Cette preuve de confiance me remplit de joie.

Bien sûr, mes petites mamies ne sont pas les seules clientes à qui j'ai affaire. Parfois, je tombe sur des gens détestables qui m'insultent pour des broutilles. Je me demande alors si la relation vendeur-client me correspond vraiment. Cette idée du client roi ne me convient pas, j'y retrouve cette notion de hiérarchie qui m'a fait quitter l'école à l'âge de dix-huit ans. Alors je réfléchis et je fais des liens dans ma tête. Je repense aux petites mamies de la caisse, à Jeannine et à Henri, qui étaient mes amis à l'école primaire, et je me dis que je peux continuer à apporter un peu de bonheur aux personnes âgées, en particulier à celles en fin de vie. Et si je m'occupais d'elles dans leur quotidien ?

À la maison, une personne prend déjà soin des autres : il s'agit de ma mère, aide-soignante. Quand j'étais petit, j'adorais quand elle me racontait ses journées. Son métier m'a toujours passionné, alors je me dis : « Pourquoi ne pas me lancer dans cette voie, moi aussi ? »

Avant de m'inscrire dans une école, je souhaite confirmer cette vocation. J'obtiens un stage de découverte dans un service de personnes en état végétatif. C'est la grosse claque. Je passe quinze jours à m'occuper d'un jeune de mon âge, tétraplégique à la suite d'un accident. À ses côtés se trouve une femme de trente-quatre ans, seulement. Elle a tenté de se suicider. D'autres patients ont perdu l'usage de la parole. Alors, pour communiquer avec eux et leur faire du bien, je développe d'autres sens. Quand j'observe qu'une patiente est anxieuse, je lui tiens la main. Je n'ai que dix-huit ans, mais je ne suis pas gêné par ces corps abîmés. C'est la première fois que je vois un autre corps nu que le mien et cela ne me dérange pas non plus. Je ne suis pas effrayé. Je suis tellement à l'aise que cela en étonne même mes collègues de stage. Je leur réponds que j'ai beau être très jeune, j'arrive à dissocier le patient de sa maladie. Un jeune homme tétraplégique n'est pas que tétraplégique. Je ne le réduis pas à sa pathologie, j'arrive à voir la personne qui se tient devant moi, et celle qu'il a été avant son accident.

Ces quinze jours sont une révélation : c'est ce métier que je veux exercer. Mon dernier jour de stage, je pleure même de tristesse. Je ne veux pas quitter le service ni les patients que j'accompagne depuis deux semaines. Je veux travailler, tout de suite. C'est le bon signal pour moi, je me lance dans les études. Comme je connais mon aversion pour le système scolaire, je me donne quand même un objectif à atteindre : tenir au moins un trimestre sur les bancs de cette nouvelle école.

Les deux années passent finalement au rythme des six stages que j'effectue dans différents services. C'est là où je m'éclate le plus, car je suis dans le concret, au plus près des patients et dans leur intimité. Je m'occupe d'eux, je leur donne à manger, je les lave, je les écoute et je les divertis. Encore une fois, j'accroche avec ce métier, et ces différentes expériences me confirment à nouveau que c'est ce que je veux faire de ma vie… jusqu'à mon avant-dernier stage en soins palliatifs, qui a lieu en pleine crise sanitaire liée au Covid-19.

Là, mon service, comme de nombreux autres à cette période de l'année 2020, fait face à une vague de décès : quinze morts sont comptabilisées. J'enchaîne quinze toilettes mortuaires, ce soin d'hygiène que l'on offre au défunt avant que le personnel funéraire vienne le récupérer. C'est une façon de « bien présenter » le défunt à sa famille : on lui retire les perfusions, les appareils médicaux, et on lui redonne sa dignité du mieux qu'on peut.

C'est la première fois que je me rends compte d'une chose : être aide-soignant, c'est aussi faire face à la mort. Jusqu'alors, c'est peut-être étonnant, je ne l'avais pas perçu. Et cette prise de conscience me fait peur. Alors que je dois être diplômé dans un mois, mon avenir est remis en question.

M'occuper des autres est une vocation et le restera. Cela me fait du bien de faire du bien aux autres. Mais cela a un impact aussi dans ma vie de tous les jours car, quand je suis avec mes patients, je reste le même garçon dont je vous parle depuis les premières pages de ce livre. Je ressens leurs émotions et les miennes sont décuplées. Alors je ris avec mes patients, je suis parfois en colère avec eux, je pleure à leurs côtés et je me rends compte que cette relation peut devenir compliquée. À ce stade de ma vie, du moins. C'est génial de prendre soin des autres à un si jeune âge et d'en tirer du positif, mais j'en oublie de prendre soin de moi. Je suis tout le temps au travail — dans ma tête, j'entends — et je tourne en boucle, je n'arrive pas à couper. Même en famille ou avec mes amis, mon sujet de prédilection est mon travail, ce qui s'y passe de bien comme ce qui y arrive de triste ou de mal.

Au fil du temps, il devient compliqué d'aller bosser. Je cogite une année, puis je prends la décision d'arrêter. J'en arrive à la conclusion que je suis trop jeune pour exercer ce métier. Trop jeune pour installer une femme dans sa chambre pour des douleurs au ventre et la voir mourir quelques jours plus tard parce qu'il se trouve que des métastases viennent à bout de son organisme. Trop jeune pour m'occuper d'un jeune de vingt-cinq ans, à peine plus âgé que moi, à qui on vient d'annoncer qu'il est au stade terminal d'un cancer du poumon. Je ne peux pas m'empêcher de me projeter. J'ai bientôt vingt-cinq ans, je suis en vie — j'ai cette chance —, mais je me sens dépassé par cette accumulation de maladies et de décès à venir. Sans compter que j'exerce un métier dont le rythme est infernal. Quatre jours intensifs de boulot, l'impossibilité de couper, le manque de personnel qui te fait bosser un jour de plus par semaine, parfois six jours sur sept en plein covid, les pauses qui se réduisent durant la crise sanitaire, le manque de moyens alloués au personnel hospitalier… Alors la fatigue s'accumule, le temps pour soi s'effrite, et les jours off sont passés à dormir pour récupérer avant de recommencer…

Je prends une décision radicale : j'ai pris soin des autres pendant des années, maintenant je vais prendre soin de moi.

J'ai quitté ce domaine, mais je sais que j'y reviendrai. Ma vie actuelle est une simple parenthèse, un temps que je m'accorde pour explorer ce que je peux créer grâce aux réseaux sociaux et au-delà. Mais il est certain que je reviendrai prendre soin des autres, que j'enfilerai à nouveau ma blouse d'aide-soignant et que mes pas, comme mes rires, résonneront à nouveau dans les couloirs d'un hôpital.

Rumeurs, faux pas et hiérarchie : mon expérience dans le monde du travail

J'ai quitté le monde du travail tel que la majorité de la population française le connaît, pas seulement pour m'éloigner de la maladie et de la mort, mais aussi pour me mettre à distance d'un environnement toxique.

Pour moi, ça commence au supermarché. Quand je décroche mon job d'hôte de caisse, je plonge dans la vie active. C'est mon premier vrai travail, avec mes premiers vrais salaires, mes premiers vrais collègues et mes premières vraies embrouilles. J'ai beau être entouré d'adultes, des gens qui ont une vie, parfois un mari ou une épouse et des enfants, je m'aperçois que je suis une fois de plus sujet au harcèlement.

Cette fois, il émane d'un collègue de travail qui officie à l'accueil du supermarché. Nous l'appellerons Rémi. Il a un poste clé, puisque c'est à lui que s'adresse la clientèle pour un renseignement ou faire part d'une erreur sur un ticket de caisse.

Lorsque je suis embauché, il est le seul homme de l'équipe des hôtes de caisse. Petit à petit, je me fais ma place parmi nos collègues. Elles me font toutes la bise, on s'entend bien. J'imagine qu'il a peur que je le détrône dans la petite hiérarchie de ce supermarché, car il commence à faire courir des rumeurs à mon propos : il raconte à qui veut l'entendre que je lui fais du rentre-dedans depuis mon arrivée mais qu'il m'a repoussé. J'ai dix-huit ans, et voilà qu'on remet sur la table le sujet de ma sexualité, alors que je ne suis moi-même pas encore à l'aise avec ça. Le sexe, la drague, tout cela me fait peur, et je trouve donc complètement aberrant qu'il assure à nos collègues que je passe mon temps à lui mater le fessier.

Mes collègues ne s'offusquent pas de ces rumeurs, elles m'en parlent même avec complicité, sur le ton de la plaisanterie. De son côté, Rémi s'en sert pour me nuire et justifier son comportement envers moi. Désormais, il ne me dit plus bonjour, il me tourne le dos. Lorsque je suis en salle de pause avec le reste des équipes, il s'adresse à tout le monde sauf à moi. Puis il passe au niveau supérieur : il me surveille, il remarque le moindre faux pas, la moindre erreur, et va s'en plaindre au patron. Une fois par semaine, je me retrouve convoqué dans son bureau et, lorsque je tente de me défendre, d'expliquer que ce collègue est malhonnête à mon égard, on me répond que c'est un bon employé, donc qu'il est impossible qu'il mente.

Je commence à avoir la boule au ventre avant d'aller au travail. J'angoisse de ce qu'il va encore trouver à redire. Un jour, je l'appelle à l'accueil parce qu'il y a un problème de code-barres. C'est la procédure. Il me raccroche au nez et, au lieu de faire son travail, envoie une collègue caissière s'occuper du problème. Elle me transmet un message : désormais, si j'ai un problème de code-barres, ce sera à moi de me démerder tout seul. Il sait que je n'ai pas le droit de quitter ma caisse et que j'ai besoin de lui pour certaines tâches. Je comprends alors qu'on est sur une pente glissante : il me pousse à la faute pour me pousser vers la sortie.

Six mois après ma prise de poste, j'explose. Je fais tout ce qu'il ne faut pas faire : après avoir terminé mon shift, je l'aborde et je l'insulte. Je lui hurle dessus et je le menace de violences physiques. La sécurité est obligée d'intervenir. Je suis hors de moi, car je suis ramené à mon passé, aux blagues, aux insultes, aux bousculades, aux questions intrusives sur ma sexualité et aux éclats de rire.

Sachant que j'ai dépassé les limites, je le devance et me rends dans le bureau du patron pour lui expliquer la situation, ma version des faits, et dans quel état psychologique je me rends chaque jour au travail. Je lui dis que j'aime mon métier mais que je ne peux pas le faire correctement. Je décris mes conditions de travail et je lâche mon diagnostic : ce que je vis se rapporte à du harcèlement. Et là, je me retrouve face à un mur d'incompréhension.

On m'affirme à nouveau que Rémi est un bon employé, que ce que je raconte ne peut donc pas être vrai et qu'il faut faire attention avec ce genre d'accusations très graves. « Attention, ça peut aller très loin », me prévient-on sur le ton de la menace. Je comprends que je n'obtiendrai jamais la moindre considération. Alors je n'ai plus qu'une seule solution pour me défendre. Je leur lance : « Vous ne me verrez plus, je ne remettrai plus jamais les pieds ici. Pour moi, c'est fini. » Je démissionne et, face à ma détresse psychologique, mon médecin me prescrit un arrêt maladie. Je ne suis plus jamais retourné dans ce supermarché.

Quand j'arrive à l'hôpital en tant qu'aide-soignant, je me crois tiré d'affaire, mais l'histoire se répète. Je constate dans chaque service où je me rends en stage que tout fonctionne sur le mode de la hiérarchie et, comme à l'école, je suis tout en bas de l'échelle. Il y a les aides-soignantes, puis les infirmières, la cadre et la cadre supérieure. Si je conjugue tout au féminin, c'est bien parce que ces métiers sont en très large majorité occupés par des femmes. Au-dessus encore se trouvent les médecins, en majorité des hommes. Les femmes d'un côté, les hommes de l'autre, comme dans la cour de récré.

Si vous avez bien suivi l'ordre hiérarchique de cette microsociété qu'est l'hôpital, je suis à trois échelons sous la cadre supérieure. Je suis donc, à ses yeux, moins crédible, moins sérieux et moins professionnel qu'elle, simplement parce qu'elle dispose de ce statut dans la hiérarchie. Et moi, je ne suis toujours pas d'accord avec ce système de pensée.

Pourquoi est-ce que je vaudrais moins que quelqu'un d'autre simplement parce que je n'ai pas les mêmes diplômes ? Simplement parce que je veux m'arrêter au statut d'aide-soignant ? C'est un métier que j'aime, et je n'ai pas envie de gravir les échelons. Est-ce que cela donne le droit aux infirmières, aux cadres et aux médecins de me regarder de haut ? Sur l'échelle de cette planète, on est pourtant au même niveau, ma vie ne vaut pas moins que celle d'une cadre. Et pourtant, c'est bien ce qui se pratique dans les couloirs de l'hôpital. Les gens qui sont en haut de la hiérarchie développent ce sentiment de toute-puissance, cette impression d'être au-dessus des autres, et ça justifie des dérives et des pratiques pouvant mener, je vous le donne en mille… au harcèlement.

Le harcèlement au travail tel que je l'ai vécu à l'hôpital, c'est cette fameuse cadre qui m'ignore lorsque je lui dis bonjour dans les couloirs. Lorsqu'elle daigne me regarder et me lancer un « bonjour » en ricanant, elle s'étonne que je ne veuille pas lui répondre. Je sais aussi qu'on parle de moi dans le service comme d'un guignol, parce que je fais des vidéos marrantes sur Instagram et parce que je fais rire mes patients. On dit que je ricane dans les chambres au lieu de faire mon travail. On m'accuse presque de maltraitance en disant que je passe mon temps à rire plutôt qu'à m'occuper de mes patients, et ce n'est tout simplement pas pour ça que j'ai signé.

Qu'est-ce que tu me veux ? Pourquoi tu me pousses dans mes retranchements ? J'ai l'impression qu'on a envie de savoir jusqu'où je peux tenir. « Combien de temps tiendra-t-il si je commence à ne plus lui dire bonjour ? À lui demander d'aller me faire mon café ? À surveiller ses moindres faits et gestes en attendant la faute ? »

Comme je suis une éponge, je garde tout à l'intérieur, et forcément arrive le moment où je ne tiens plus. J'implose, au point même que mon corps s'exprime à ma place. Je développe des abcès, des boutons, je perds 25 kilos… Au bout d'un moment, je me dis qu'il faut que j'en parle. J'ai le droit de dire que je ne suis pas d'accord. Pourquoi continuer à supporter des comportements que je n'ai pas envie d'accepter ? Je n'ai pas envie de faire semblant d'aller bien, et encore moins de rentrer dans ce petit jeu de « qui est le plus fort ».

LE REGARD DE LA PSY

Comment le harcèlement peut-il autant se répéter dans les différentes étapes ou strates de sa vie ?

C'est une question compliquée, à laquelle il n'y a pas qu'une seule réponse. Parfois, c'est la situation sociale (genre, sexualité, race, ethnicité, neurodiversité) qui attire l'abus. C'est malheureux et injuste, mais c'est un fait dans notre société aujourd'hui. Les minorités peuvent être ciblées plus facilement.

D'autres fois, cela vient de notre passé. Par exemple, une victime de harcèlement scolaire peut intégrer la croyance qu'elle n'est pas à la hauteur et qu'elle mérite que l'on abuse d'elle. Ce sont les conséquences du trauma et de la honte. Si elles ne sont pas résolues d'une manière ou d'une autre (souvent à travers un suivi thérapeutique), la situation peut être répétée de façon inconsciente.

On sait que la plupart des victimes de manipulateurs ou de pervers narcissiques ne sont pas des personnes faibles ni fragiles, contrairement à ce qu'on pourrait croire. C'est plutôt le contraire. Ce sont très souvent des personnes fortes, avec de grandes capacités, de l'empathie et de la joie de vivre. Les agresseurs peuvent être comme les pies, attirés par ce qui brille. Il est important de reconnaître les mécanismes des harceleurs pour se protéger. Ces derniers ont le nez, ils sentent la faille et la vulnérabilité chez leurs victimes.

Enfin, certaines victimes ont une sorte de naïveté. Elles ne peuvent accepter que le mal existe, et cela les pousse à croire que toute personne est bonne et peut être raisonnée. Or, les études scientifiques montrent le contraire, de même que l'expérience professionnelle des thérapeutes, des psychologues, des psychiatres… Tant que l'on continue à croire que le mal n'existe pas, on reste ouvert à la victimisation. Mais attention, les victimes ne sont jamais responsables de ce qui leur arrive, et personne n'a le droit d'abuser d'autrui, en aucune circonstance. Cependant, prendre conscience de ses failles et de ses fragilités permet de reprendre le pouvoir et d'activer des leviers pour sortir d'une mauvaise situation.

Comment faire ? On peut commencer par regarder tous les schémas qui se répètent : quelles sont les ressemblances entre les gens qui ont abusé de moi ? Quel pourrait être mon rôle pour que cela s'arrête ? Quel levier puis-je actionner ? On peut aussi se poser la question : comment est-ce que je me sens à chaque fois qu'une situation comme celle-ci se présente ? Cette question aide à comprendre ses croyances inconscientes, du type « ça n'ira jamais bien pour moi », « on ne va jamais me laisser faire partir du groupe », etc.

Quand ces croyances sont identifiées, on peut agir dessus ! La thérapie aide beaucoup, mais on peut aussi lire des livres sur l'estime de soi et mettre en place soi-même des exercices visant à la renforcer. Pour commencer, vous pouvez lister vos qualités et vous rendre compte ainsi que, non, vous n'êtes pas nul et que, oui, vous méritez le respect.

CHIFFRES CLÉS

1 FRANÇAIS SUR 3
a déjà été victime de harcèlement sur son lieu de travail[1].
4 SALARIÉS SUR 10
affirment avoir déjà été témoins de harcèlement au travail.

Problème : la plupart des Françaises et des Français ne maîtrisent pas bien le sujet du harcèlement au travail, tandis que les entreprises respectent peu la loi concernant la prise en charge de ce qui est pourtant considéré comme un délit par la loi[2].

Devenir une cible au travail : un radar à victimes ?

À ce stade de la lecture de ce livre, vous devez vous dire : « Bah dis donc, il a vraiment pas de chance, Bouboule 42 ! À l'école, au supermarché, à l'hôpital, il est victime de harcèlement ! » Mais est-ce vraiment une question de malchance, la malchance d'être au mauvais endroit, au mauvais moment, avec les mauvaises personnes ?

Le fait d'être un « garçon différent », sensible, gros et gay, n'a-t-il pas favorisé le terreau des violences que j'ai subies, et ce de mon enfance jusqu'à l'âge adulte ? Est-ce qu'un jour cela va s'arrêter ? Je repense à la devise de la France, « Liberté, Égalité, Fraternité », des valeurs qu'on nous enseigne dès l'école primaire.

Pourquoi n'y ai-je pas droit ? Pourquoi me reproche-t-on sans cesse d'être qui je suis ? Pourquoi ne suis-je pas considéré comme égal aux autres ? Et pourquoi ce manque de tolérance face à ma différence ?

1. Selon le baromètre « Les salariés français et le harcèlement au travail », mené par IPSOS pour Qualisocial, en octobre 2022.

2. Toujours selon la même étude, 44 % des salariés déclarent ne pas être bien informés sur la thématique du harcèlement au travail, et seuls 14 % se disent très bien informés à ce sujet, tandis qu'une entreprise sur huit a mis en place toutes les mesures obligatoires de prévention et d'action contre le harcèlement au travail.

LE HARCÈLEMENT MORAL (DANS LE CADRE DU TRAVAIL)

Qu'est-ce que le harcèlement au travail ?

J'ai lâché le mot plusieurs fois : ce que j'ai subi au supermarché et à l'hôpital porte un nom. Il s'agit de harcèlement moral. Je n'ai pas besoin d'un juge pour me le confirmer, car je sais ce que j'ai vécu. Comme le détaille le site de l'administration française, « le harcèlement moral se manifeste par des agissements répétés pouvant entraîner, pour la personne qui les subit, une dégradation de ses conditions de travail[1] ».

Il s'agit par exemple (toujours selon l'administration française) :

- d'une atteinte à ses droits et à sa dignité ;
- d'une altération de sa santé physique ou mentale ;
- d'une menace pour son évolution professionnelle.

Vous y retrouvez donc tous les ingrédients de mes mésaventures au taf : perte de poids significative, boule au ventre, abcès… et volonté d'autrui de me pousser à la faute et de compromettre ma situation professionnelle comme financière.

Le harcèlement (j'ai eu la joie d'en faire l'expérience dans le secteur privé comme dans le secteur public) est caractérisé, peu importent les liens hiérarchiques entre les personnes impliquées. Les stagiaires sont bien entendu concernés par la loi, comme tous les salariés.

1. https://www.service-public.fr/particuliers/vosdroits/F2354

Les employeurs, quant à eux, ont l'obligation de protéger leurs employés (c'est écrit dans le code du travail !) et doivent réagir en cas de harcèlement. Parmi les entreprises de plus de onze salariés, un référent harcèlement doit être nommé (je n'en ai jamais vu la couleur !). Ses moyens sont limités, mais il s'agit normalement d'un salarié formé à ces questions, et donc d'un interlocuteur privilégié pour les victimes.

HARCÈLEMENT AU TRAVAIL : LES SIGNES QUI DOIVENT ALERTER

Des symptômes psychologiques

- → un sentiment d'épuisement
- → un rapport négatif avec son travail
- → une perte de sens dans son travail
- → l'impression d'être débordé
- → des conflits avec des collègues
- → des troubles du sommeil
- → une rumination des sujets liés au travail
- → le fait de tourner en boucle sur les difficultés rencontrées au travail
- → ne pas tenir ses objectifs
- → de la fatigue
- → de l'anxiété
- → des troubles de la concentration, de la mémorisation
- → des troubles de la dépression, voire une dépression et des pensées suicidaires

Des symptômes physiques

- → des symptômes dermatologiques (eczéma, urticaire...)
- → des douleurs ostéo-articulaires
- → des troubles digestifs
- → des troubles du transit
- → des signes d'inflammation chronique

LE REGARD
DE LA PSY

Les mécanismes derrière le harcèlement au travail

Je vois de plus en plus de victimes de harcèlement au travail qui sont ciblées par des manipulateurs, voire par des pervers narcissiques. Il faut distinguer les premiers des seconds : tout pervers narcissique est un manipulateur, tout manipulateur n'est pas un pervers narcissique. Que la personne harcelée soit son collègue, son chef, son employé… tout est possible. Derrière, il y a souvent des jeux de pouvoir et la volonté de grimper les échelons quel qu'en soit le prix.

D'autres mécanismes concernent l'ambiance au travail : plus il y a de stress, plus la situation est propice au harcèlement ; plus la hiérarchie pratique des comportements injustes, voire abusifs, plus cela risque de se reproduire à d'autres niveaux. Dans certaines situations, les victimes deviennent agresseurs[1]. Comme je l'ai déjà dit, un enfant qui grandit dans un environnement toxique peut à son tour s'en prendre aux autres. C'est une manière pour lui de décharger sa tristesse, sa peur ou sa colère. Les comportements abusifs ne viennent en général pas de nulle part.

Dans d'autres cas, on retrouve le *bystander effect*, dont on a déjà parlé, de la part des manageurs : ils ferment les yeux aux mauvais comportements de certains employés, et ainsi sont complices.

1. Étude Hauge *et al.*, 2009.

Un délit puni par la loi

Théoriquement, le harcèlement au travail est donc un délit puni par la loi. De fait, les auteurs de harcèlement encourent des sanctions judiciaires, mais aussi des sanctions administratives (pour les salariés du public) ou disciplinaires (pour les salariés du privé).

Sanctions	Secteur privé	Secteur public
Sanctions employeurs	mutation, mise à pied, licenciement…	déplacement d'office, radiation du tableau d'avancement, voire révocation…
Sanctions judiciaires	jusqu'à 2 ans de prison + 30 000 € d'amende + dommages-intérêts à la victime (pour préjudice moral, remboursement des frais médicaux…)	

Mais, comme souvent, il y a d'un côté ce que dit la loi et de l'autre la façon dont elle est appliquée. Il suffit de taper les mots clés « harcèlement » et « travail » dans la section dédiée aux dernières actualités d'un moteur de recherche pour trouver des exemples d'affaires rendues publiques par la presse.

À l'heure où j'écris ces lignes, *l'Union*[1] rapporte par exemple l'histoire d'Alina Ferris, également autrice d'un ouvrage[2]. Le harcèlement qu'a subi cette ancienne responsable animation dans un centre social des Yvelines (Île-de-France) a été examiné par la justice à la suite d'une plainte, mais n'a pas été reconnu par manque « d'éléments assez solides ». Alina Ferris a cependant gagné contre son ex-employeur pour licenciement abusif.

Autre victime : Anne-Véronique Herter, qui a témoigné dans plusieurs médias (*le Parisien*, France 5) de son calvaire au sein d'une société spécialisée dans, ironie du sort, le bien-être[3]. Elle recevait des SMS en dehors de ses heures de travail, était la cible de mails dégradants envoyés à l'ensemble des salariés et victime de grossophobie. Jusqu'à une tentative de suicide et un internement en hôpital psychiatrique. Sa reconstruction, Anne-Véronique Herter ne la doit pas à la justice mais à l'écriture d'un livre (tiens donc 😜), *le Cri du corps*, publié en 2018.

Il faut dire que, pour certaines victimes, il est difficile de compter sur les réparations de la justice. En mai 2022, sept policiers de la BAC de Nancy ont été condamnés à des peines de six à dix-huit mois de prison avec sursis pour harcèlement moral au travail et injures raciales non publiques envers quatre collègues. On est bien loin des deux ans de prison et 30 000 euros d'amende. Leur procès en appel[4] s'est ouvert en mars 2023.

La même année, une femme a pu voir son ancien patron reconnu coupable de harcèlement moral[5]. Il a été condamné à une amende de 10 000 euros, dont 5 000 euros avec sursis. L'homme n'a pas fait appel.

1. « À Reims, elle raconte le harcèlement dont elle a souffert au travail », *l'Union*, le 8 février 2023.

2 Alina Ferris, *Harcelée*, Amazon.

3. « Comment Anne-Véronique est sortie de l'enfer du harcèlement au travail », Elie Julien, *le Parisien*, 14 décembre 2022.

4. « Harcèlement et racisme à la BAC de Nancy : le procès en appel de sept policiers s'ouvre ce lundi », *Ouest France*, le 20 mars 2023.

5. « Harcèlement moral au travail : "C'est devenu l'enfer, j'allais me cacher pour pleurer" », *Ouest France*, 12 avril 2023.

Dans d'autres situations, le harcèlement n'est pas du tout reconnu, comme en Bretagne, où des salariés de l'entreprise Lidl ont été recalés par le procureur de Saint-Brieuc[1]. Je précise qu'une employée faisant partie des plaignantes a mis fin à ses jours…

Que faire en cas de harcèlement au travail ?

Lorsque j'ai souffert de harcèlement au travail, je me suis retrouvé seul face à moi-même. Je savais que ce que je vivais n'était pas normal, que c'était injuste et grave, mais j'ai préféré agir à l'instinct et prendre sur moi jusqu'à ce que je n'en puisse plus. C'est comme ça, on ne peut pas changer le passé. Pour éviter les situations que j'ai vécues (finir par hurler sur un collègue de travail après son shift), j'ai mené mes petites recherches, et voici ce qu'on conseille aux victimes.

Avant de passer par la case dépôt de plainte et justice, des actions peuvent être entreprises pour prévenir le harcèlement ou y mettre un terme au moment de son apparition. D'abord, l'administration française conseille de prévenir très rapidement son employeur. Comment ? En envoyant un courrier recommandé au service RH ou directement au patron pour décrire les faits et les qualifier de « harcèlement moral ».

Problème, on le sait, les entreprises n'agissent pas toujours. Parfois même, elles rejettent la faute sur les victimes, comme cela m'est arrivé au supermarché. Cette lettre est le point de départ d'une procédure qui peut prendre plusieurs années.

D'autres interlocuteurs, comme un référent harcèlement pour les entreprises de plus de onze salariés, peuvent alors être sollicités, de même que l'inspection du travail. Cette dernière peut être amenée à se déplacer, à étudier la situation et à réaliser une enquête. Si elle le juge nécessaire, elle informera ensuite le procureur de la République de la situation, qui se saisira ou non de l'affaire… avant de rendre un verdict.

1. « Harcèlement moral au travail chez Lidl en Bretagne : pas de charges retenues », *le Télégramme*, le 22 mars 2023.

En parallèle, on conseille aux victimes de constituer un dossier rassemblant différentes preuves, comme des SMS, des mails injurieux ou reçus en dehors des horaires de travail, des certificats médicaux attestant d'une dégradation de la santé physique ou mentale, ou encore des attestations officielles de collègues ayant été témoins ou également victimes des faits dénoncés…

À savoir de très important : les salariés (victimes ou témoins) dénonçant des faits de harcèlement moral au travail sont protégés par le code du travail, c'est-à-dire qu'ils ne peuvent pas faire l'objet d'un licenciement ou d'une sanction. Si l'entreprise s'obstine quand même à licencier ou à sanctionner une personne dénonçant des faits de harcèlement, elle pourra être attaquée et devra répondre de ses actes devant la justice.

Je ne veux pas paraître défaitiste, mais le chemin est compliqué et parfois sans issue. Avec des délais longs, coûteux en temps, en argent et en énergie, toutes les victimes n'ont pas les moyens humains et/ou financiers de s'engager dans un tel parcours. Cela demande un investissement sur le temps long que tout le monde n'a pas. Certaines victimes préfèrent ainsi, comme ça a été le cas pour moi, claquer la porte et mettre ces mauvaises expériences derrière elles.

Je n'ai aucun moyen de savoir comment se seraient déroulés les événements si j'avais envoyé un courrier en recommandé ou alerté l'inspection du travail. Peut-être que le harcèlement aurait été condamné ou peut-être que rien n'aurait changé. Je vous laisse imaginer. Alors, pour celles et ceux qui n'ont pas les moyens de quitter leur travail, que faire ? Comment prendre soin de soi ?

LE REGARD DE LA PSY

Comment se protéger psychologiquement des harceleurs dans la sphère professionnelle ?

Il faut vous entourer de proches en dehors du travail et ne pas laisser le harceleur vous isoler. Vous pouvez éventuellement parler avec d'autres collègues pour voir s'ils ont le même vécu que vous, consulter ensuite une assistance juridique (via votre assurance ou votre ville, qui peut proposer des aides gratuites) pour prendre connaissance de vos droits. Une fois toutes ces étapes suivies : vous pouvez aller parler avec votre hiérarchie.

Un autre conseil : construisez votre dossier en gardant tous les échanges écrits. Faites suivre les propos tenus dans le couloir, dans un bureau ou par téléphone d'un mail récapitulant ce qui s'est dit afin de garder une trace écrite. Ces éléments constituent des preuves concrètes qui pourront servir en cas de poursuites.

Et pour les témoins ?

Les témoins de harcèlement moral sont également protégés par le code du travail, de la même manière que les victimes. Apporter son soutien à une ou à un collègue en difficulté n'expose donc pas à un éventuel licenciement ou à une sanction, dans la mesure où les faits évoqués sont qualifiés (par le témoin et par la victime) de harcèlement moral.

Concrètement, les témoins peuvent donc soutenir informellement la victime en lui proposant une écoute et de l'aide. Ils peuvent ensuite alerter officiellement les RH et l'employeur, mais aussi remplir une attestation témoin (Cerfa n° 11527*02), à la demande de la victime, dans le cadre d'une procédure judiciaire.

DÉMISSIONNER

Une victoire déguisée en échec

Vous l'avez compris : ma réponse face au harcèlement au travail ne s'est pas trouvée sur les bancs de la justice.

Huit mois après l'obtention de mon diplôme d'aide-soignant, je tire ma révérence. Rideau. Fin du show. Retour en coulisses. Je n'ai plus envie de me battre pour prouver que j'ai ma place autant qu'un autre, autant qu'une cadre. Certains d'entre vous considéreront peut-être cette démission comme un acte de lâcheté, un abandon ou un échec, mais j'y vois de mon côté une véritable victoire.

J'ai toujours pensé qu'il était important d'avoir un travail, mais à quel prix ? Où est la limite de ce que l'on peut tolérer parce qu'on a besoin d'un travail ?

Je décide que plus jamais on ne me manquera de respect, peu importe où je me situe dans la hiérarchie, même au plus bas de l'échelle. Alors oui, je claque la porte parce que j'en ai la possibilité, parce que j'ai la sécurité de pouvoir vivre chez mes parents et d'avoir, nous en parlerons plus longuement dans le chapitre suivant, une présence qui s'affirme et se professionnalise sur les réseaux sociaux.

Démissionner a été pour moi une réussite, car il fallait que je m'éloigne de cet environnement toxique. La décision de partir a été la meilleure de ma vie parce que, pour une fois, j'ai pensé d'abord à moi, et pas aux autres. J'ai coupé les ponts avec une partie de ma vie qui ne me faisait pas du bien. Je suis arrivé à l'hôpital avec mes gros sabots et cette idée que j'allais pouvoir faire changer les choses. Mais ça ne s'est pas passé comme prévu. Et c'est OK.

Pourquoi j'ai décidé de prioriser ma santé mentale

En prenant la décision de partir, je privilégie donc ma santé mentale. C'est, encore une fois, un geste que j'effectue à l'instinct. Je me protège à l'instant même où je sais que j'ai atteint le stade où je n'ai plus les épaules pour le supporter. Au supermarché, l'altercation verbale que j'ai avec Rémi me l'indique. Le manque d'écoute et de reconnaissance de mon employeur finit d'enfoncer le clou.

À l'hôpital, je ne vais pas jusque-là, je ne repousse pas les limites, mais je sens que je ne peux plus continuer sur cette lancée. Je rentre chez moi un jour, je me pose sur le canapé et je comprends que partir est la meilleure décision pour moi. Je sais que cela va m'éviter cette tonne de charge mentale quotidienne, et ce malgré la passion que j'ai mis au cours des huit derniers mois à tisser des liens avec des patients et des collègues.

Mes parents acceptent ma décision malgré le souci qu'ils se font pour moi. Mais qui peut me reprocher de privilégier à ma santé mentale ? Je sais trop bien qu'évoluer dans un environnement toxique peut laisser des traces à vie. C'est tout ce que je veux éviter, et il faut pour cela y mettre un terme maintenant, tout de suite.

Aide-soignant est un très beau métier, mais les conditions de travail ne favorisent pas le bien-être. Obtenir son diplôme est un premier combat ; ensuite, il faut réussir à passer par six stages dans des lieux différents, où les équipes peuvent te malmener, sans compter les difficultés intrinsèques à ce travail. Enfin, une fois le diplôme en poche, il faut encore prouver qu'on peut exercer ce métier, même si on débute, même si on est trop jeune.

Je ne voulais plus continuer à prouver que je valais le coup. On m'imposait un combat alors que je n'avais pas envie de me battre. J'étais là pour taffer, pas pour finir en burn-out. J'ai déjà été témoin de cette maladie, alors, aujourd'hui encore, je me remercie de m'être écouté, de m'être fait confiance sur le sujet. Parfois, lâcher la corde fait moins mal que continuer à s'y accrocher.

C'est le métier de mes rêves, ma vocation, mais ce n'est pas grave, car désormais mon mal-être s'est envolé. Je suis redevenu le Gaëtan que j'aime être : celui qui se lève de bonne humeur, s'endort de bonne humeur et profite de la vie entre les deux.

On ne peut pas changer les gens

Il y a un truc que j'ai compris depuis tout petit, et qui se confirme avec l'âge : en ligne comme dans la vraie vie, on ne peut pas contrôler les gens. Cette prise de conscience me permet d'économiser une sacrée dose d'énergie. Je me suis tué à essayer de faire comprendre aux gens qu'il fallait faire le bien, que parler dans le dos des autres était une mauvaise chose et qu'il fallait arrêter. Naïf, je vous dis !

Vous allez me dire : « C'est pas ce que t'essaies de faire avec ce livre, Bouboule 42 ? » Oui et non. Avec ce livre, j'essaie surtout de semer des graines et de donner des clés à des gens qui sont déjà prêts à changer, à des victimes de harcèlement, quel qu'il soit, pour leur dire qu'elles ne sont pas seules et que la vie est, aussi bizarre que cela puisse leur paraître, de leur côté.

Avec les années, j'ai compris que tout le monde ne pense pas comme moi, ne partage pas mes idées, et Dieu merci, au fait ! Cela m'apprend à accepter l'autre et à le tolérer, peu importe son comportement envers moi. Je n'excuse pas les agresseurs ou les harceleurs, je sais que ce qu'ils font est mal, mais je lâche prise sur leur comportement, qui ne me concerne pas.

De mon côté, je trace mon chemin, j'incarne mes valeurs, je laisse libre cours à mes émotions, et c'est peut-être par cet exemple, en incarnant et en acceptant pleinement qui je suis, que le changement se fera sentir.

LE HARCÈLEMENT SEXUEL : UNE AUTRE FORME DE HARCÈLEMENT AU TRAVAIL

→ Le harcèlement prend de nombreuses formes, car il s'appuie le plus souvent sur des particularités de la victime, en général une différence discriminée au regard de la norme. Ainsi, le genre, l'orientation sexuelle, la religion, les origines (réelles ou supposées), un handicap physique ou mental constituent un terreau idéal pour les harceleurs.

→ Je tenais à vous parler d'une autre forme de harcèlement qui sévit particulièrement dans les entreprises françaises : le harcèlement sexuel. Une femme active sur cinq déclare avoir été confrontée à une situation de harcèlement sexuel au cours de sa vie professionnelle[1]. C'est beaucoup. C'est trop. Et, là encore, les entreprises ne font pas assez pour prévenir ces situations et y mettre un terme quand l'alerte est donnée par les victimes ou les témoins.

Il existe deux types de harcèlement sexuel au travail.

→ Le premier consiste à recevoir une pression de la part d'un collègue ou d'un supérieur dans le but d'obtenir un acte de nature sexuelle.

→ Le second concerne les propos ou les comportements à connotation sexuelle non désirés et répétés[2]. Il vise en particulier les femmes.

1. Étude réalisée par l'IFOP en 2014.

2. « Harcèlement sexuel et agissements sexistes au travail : prévenir, agir, sanctionner », guide pratique du ministère du Travail *https://travail-emploi.gouv.fr/IMG/pdf/30645_dicom_-_guide_contre_harce_lement_sexuel_val_v4_bd_ok-2.pdf*

Que dit la loi ?

→ Les sanctions peuvent aller jusqu'à deux ans d'emprisonnement et 30 000 euros d'amende, voire trois ans d'emprisonnement et 45 000 euros d'amende dans certaines conditions, notamment si l'auteur des faits est en position d'autorité par rapport à la victime.

→ Là encore, le code du travail indique que l'employeur doit prendre « toutes dispositions nécessaires en vue de prévenir les faits de harcèlement sexuel, d'y mettre un terme et de les sanctionner ». En pratique, on sait que c'est plus compliqué et que les victimes sont rarement entendues, mais je crois que plus les employeurs et les employés seront sensibilisés et formés à ces questions, plus les choses avanceront dans le bon sens.

CHIFFRES CLÉS

1,2 MILLION DE FEMMES ET 700 000 HOMMES

auraient été victimes de harcèlement sexuel au cours de leur vie professionnelle en France.

Source : rapport de l'INSEE et de l'Observatoire national de la délinquance et des réponses pénales, publié en 2018.

LES INFOS UTILES !

POUR LES VICTIMES DE HARCÈLEMENT MORAL AU TRAVAIL

Association France Victimes
numéro d'écoute : 116 006 (hors métropole +33 1 80 52 33 76)

POUR LES VICTIMES DE HARCÈLEMENT SEXUEL AU TRAVAIL

AVT, Association européenne contre les violences faites aux femmes au travail
numéro d'écoute :
01 45 84 24 24 (le lundi de 14 heures à 17 heures, les mardi et vendredi de 9 h 30 à 12 h 30)
mail : contact@avft.org

LIVRES

Survivre au taf, de Marie Dasylva, éditions Daronnes

Manuel contre le harcèlement au travail, d'Élise Fabing, Hachette Pratique

tu es
unique

5

PARLER FACE CAMÉRA, OU COMMENT L'HISTOIRE S'EST RÉPÉTÉE SUR INTERNET

When the sun shines, we'll shine together
Told you I'll be here forever
Said I'll always be your friend
Took an oath, I'ma stick it out to the end.
Rihanna

LA NAISSANCE DE BOUBOULE_42

Pourquoi je me suis lancé sur les réseaux

En 2014, comme beaucoup de jeunes de mon âge, je m'inscris sur Snapchat. J'y poste des vidéos pour mes amies. Je me trouve rigolo et j'ai envie de le partager avec elles. Je me dis que, si je suis capable de me faire rire moi-même, je suis capable de faire rire tout le monde. Après avoir versé tant de larmes, quoi de mieux que de procurer de la joie aux autres et à moi-même ?

Quelques mois plus tard, on me parle d'Instagram et je bascule sur ce réseau social. J'y applique la même ligne éditoriale. Mon moteur : être suivi par de plus en plus de monde pour faire rire de plus en plus de gens. Il faudra du temps, trois ans, pour que mon compte décolle, mais je trouve déjà dans les réseaux sociaux une forme d'échappatoire.

J'ai dix-huit ans, j'ai quitté le système scolaire, mes harceleurs ne font plus partie de ma vie, je ne suis plus dans ce système qui m'a fait du mal et me fait peur, alors je peux me laisser aller à un peu de légèreté.

Chaque jour, j'enregistre une petite vidéo. Cela dure une minute. Je pose mon téléphone devant moi, et je me laisse aller. J'improvise ce qui me passe par la tête, j'imagine une scène entre deux personnages, je délivre un message. Ensuite, si je suis satisfait de moi, je poste la vidéo sans même avoir besoin de regarder le rendu final. J'applique toujours cette méthode, et c'est celle qui me correspond le mieux. Spontanée, sans fioritures, et authentique.

Cette minute d'enregistrement, c'est une minute que je m'accorde à moi. Je lâche prise et j'exprime ma créativité sans filtre. Et puis, le moment le plus intéressant arrive : découvrir les réactions des gens. À mes débuts, les premières années, il y en a peu, mais répondre à ces commentaires m'occupe l'esprit. Prendre ce temps pour moi, un peu chaque jour, se révèle thérapeutique. Petit à petit, ce rituel entre dans mon quotidien et devient une partie intégrante de ma vie, puis cela devient tout simplement ma vie, mon métier.

Ce statut d'influenceur, je le dois à une vidéo de trente petites secondes. On est le 16 juin 2018 et, à l'époque, je m'impose de poster une vidéo par jour, à 18 heures. J'ai cette idée de proposer, à une heure de relâchement après le taf ou l'école, une parenthèse amusante dans la vie des gens. Parfois, je n'en dors pas de la nuit tellement poster ces vidéos est important pour moi.

Ce jour du 16 juin 2018, donc, il est 17 h 45 quand je me rends compte que je n'ai pas de contenu à partager. Je suis chez ma cousine, je flâne sur sa terrasse, c'est bientôt l'été et il fait chaud, alors je déguste une glace. Et là, je ne sais pas trop pourquoi, je décide de prendre une clope et d'essayer de la coincer dans mon double menton. Pour immortaliser ma cascade, je sors mon téléphone. Ma caméra capte alors ce moment magique, celui où je me rends compte que ça marche. Je peux coincer une cigarette dans mon double menton ! Je poste la vidéo. Ces trente secondes changeront ma vie.

SCAN ME

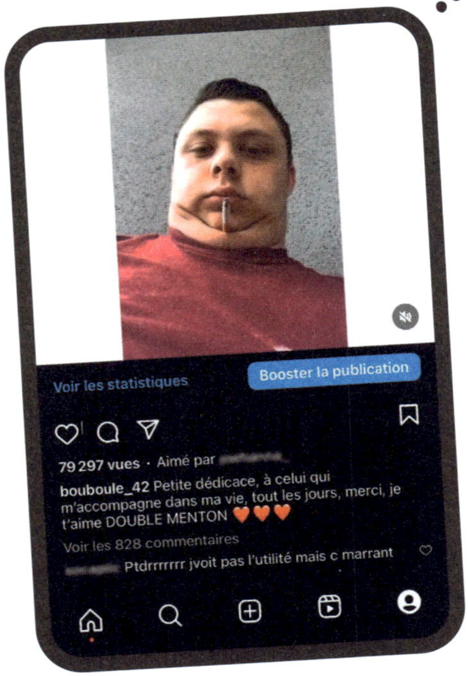

La semaine qui suit, mon œuvre est relayée partout ! Je vois ma tête apparaître dans les stories des profils dont JE suis abonné et je ne comprends pas bien ce qui m'arrive. Je ne m'attendais pas à un tel engouement. Je sais que c'est cliché de dire ça, mais c'est bien ce qui m'arrive. Je n'étais qu'un simple utilisateur d'Instagram et je deviens, en l'espace de quelques jours, un visage que tout le monde connaît.

Même si je n'explique toujours pas la viralité de la vidéo, je pense que la spontanéité de mon geste, très nature peinture, a retenu l'attention des internautes. On peut voir à quel point je suis content d'avoir réussi à coincer cette clope dans mon double menton !

Les jours passent, et le média *Gossip Room* (plus de deux millions d'abonnés sur Instagram) me contacte et me demande s'il peut poster ma vidéo dans son feed. J'accepte. Moi et mon double menton cumulons rapidement plus d'un million de vues, et quinze mille nouveaux abonnés débarquent dans la foulée sur mon compte. Grâce à cela, il y a comme un effet boule de neige : mes précédentes vidéos et les nouvelles décollent elles aussi, si bien que six mois plus tard, le 23 décembre 2018, cent mille personnes sont abonnées à mon compte. Tadam ! J'en pleure de joie. Mon pari est réussi. La mission que je m'étais donnée, faire rire un maximum de monde, est remplie. J'apporte du bonheur à mes abonnés.

Après ma démission de l'hôpital, je prends alors une décision radicale : je décide de me consacrer à mes réseaux sociaux. Je ne peux pas expliquer ce qui se passe à l'intérieur de moi. Quand j'en parle, quand j'y pense, j'ai des papillons dans le ventre. Mais, avant de me lancer, je dois passer par une étape non négligeable : affronter mes parents. Un soir, je rentre à la maison et je le leur lance : « Mesdames et messieurs, j'ai l'honneur de vous annoncer que, dans cette famille, je ne ferai rien de conventionnel. Je vais me consacrer à mes réseaux sociaux et je vais en faire mon métier. C'est ça que je veux faire, et je vais en vivre ! Je ne quitterai pas cette terre sans avoir marqué notre génération et laissé une trace derrière moi. Je suis fait pour briller, mais aussi pour décider de la cadence à laquelle je veux travailler. Je ne supporte pas la hiérarchie, alors je vais devenir mon propre patron. »

Prouver que cette voie fut possible est un combat sans nom auprès de mes parents, mais j'ai eu cette chance : ils m'ont soutenu et m'ont assuré qu'ils seraient là pour me ramasser si je me cassais la gueule.

Voilà comment est né Bouboule 42. Malgré les années, je reste sur ma ligne éditoriale (faire rire le maximum de monde), sans oublier le rôle d'influenceur, qui est désormais le mien, à savoir relayer des informations d'utilité publique et sensibiliser sur les sujets qui me tiennent à cœur : la grossophobie, l'homophobie et le harcèlement, mais aussi des causes qui ne me touchent pas directement, comme toutes les LGBT-phobies, le racisme ou les violences faites aux femmes.

Grâce à la création de ce compte, j'entame une nouvelle vie. C'est comme une renaissance, mais aussi une vraie découverte de moi-même. Avec mes vidéos sur Instagram, je me réapproprie mon image et, plus encore, je m'approprie cette étiquette qui me colle à la peau, cette insulte déguisée en surnom : « Bouboule ».

S'approprier une insulte : de « queer » à « bitch », une pratique qui a du sens

Quand je choisis mon nom d'utilisateur sur Instagram, je ne réfléchis pas trop. C'est instinctif, ce sera « Bouboule ». Le nom tel quel est déjà pris, alors j'y ajoute tout simplement le numéro correspondant à mon département, la Loire. Après tant d'années à souffrir en m'entendant traité de bouboule, j'en fais un atout, un véritable surnom, un nom de scène que je suis fier de porter et d'incarner. C'est aussi une manière pour moi de déconstruire l'insulte qui m'a tant collé à la peau.

« Bouboule 42 » n'est pas qu'un pseudo. Il s'agit aussi du nom de mon entreprise, mon gagne-pain et mon casse-croûte. Je transforme toute la haine que j'ai reçue en richesse, en rencontres, en repas au restaurant et en sorties shopping. Une belle victoire sur mon passé, n'est-ce pas ? « Bouboule », je l'ai désormais tellement dans la peau que je l'ai même tatoué sur mon avant-bras gauche.

L'anecdote vaut le détour. Maëva, une abonnée, me contacte et se présente. Elle me dit qu'elle est tatoueuse et qu'elle aimerait beaucoup me tatouer. On se rend compte qu'on vit à quarante-cinq minutes l'un de l'autre, alors on s'organise facilement pour programmer une rencontre. Elle me bloque un créneau. De mon côté, je ne sais toujours pas ce qu'elle va encrer sous ma peau avant d'arriver dans son shop, où elle me lance : « Est-ce qu'on ne tatouerait pas "Bouboule" ? » Révélation ! Pour moi, les planètes s'alignent. Je suis tellement au clair avec ce mot que je suis excité à l'idée de me le faire tatouer ! Pendant que Maëva s'occupe de mon avant-bras, je me dis : « Ça y est, t'es guéri ! » C'est comme si la douleur ressentie par l'acte de tatouer se conjuguait au tatouage en lui-même et à sa signification pour exorciser mon passé. Quand je rentre chez moi après cette séance de tatouage, je me sens libéré et OK avec qui je suis.

Bien sûr, « bouboule » n'est pas le seul mot qui me résume, mais il m'a suivi pendant tant d'années qu'il contient un peu de moi. Je ne veux plus m'en défaire. On m'a déjà conseillé de changer de pseudo, car il ne serait pas assez crédible aux yeux des marques avec lesquelles je pourrais travailler en tant qu'influenceur. Mais je ne veux pas en changer. Bouboule, c'est moi !

Si j'ai choisi de m'approprier cette insulte, ce n'est pas un hasard. Il s'agit même d'une pratique courante chez les populations marginalisées.

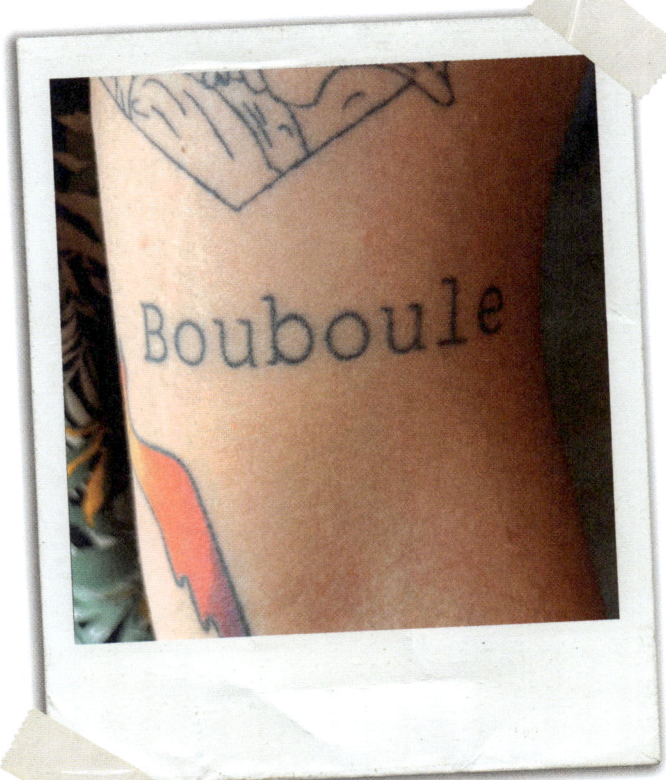

Sur Internet et ailleurs, vous avez sûrement déjà croisé le terme *queer* pour parler de l'ensemble des communautés LGBTQ+. Pourtant, il s'agit en premier lieu d'une insulte signifiant « étrange » ou « bizarre » en anglais, et qui visait les hommes homosexuels au XXe siècle. *Queer* a d'abord été réutilisé par une partie des homosexuels souhaitant se distinguer des *fairies*, une insulte à destination d'autres homosexuels considérés comme plus flamboyants et « féminins »[1].

À la fin des années 1980, la communauté LGBTQ+ s'est approprié le terme *queer* pour en faire une véritable identité et s'opposer ainsi aux normes véhiculées par la société en matière d'identité de genre ou de sexualité.

D'autres mots ont été récupérés par les publics concernés. Je pense par exemple à « gouine », « pédé » ou encore « salope » (*bitch*, en anglais), mais aussi *nigger*. Ces mots, à la différence de *queer*, sonnent encore comme des insultes dans l'esprit de nombreuses personnes. Pourtant, quand elles sont revendiquées avec fierté par les personnes concernées, elles se vident complètement de leur sens premier. Comment des mots peuvent-ils être blessants quand la personne à qui ils sont destinés les revendique comme son identité ?

Attention cependant à ne pas lancer des « pédé » et des « salope » à tout-va et à n'importe qui ! L'emploi de ces termes, à la différence de *queer*, qui est entré dans le langage courant, doit se faire dans le cadre intime où les codes sont acceptés par tous et par toutes. De la même manière que mes abonnés savent qu'ils peuvent m'appeler Bouboule parce que c'est OK pour moi. Pour une autre personne grosse, en revanche, « bouboule » restera peut-être une insulte, et donc un mot extrêmement blessant à entendre.

1. « "Gouine" et "pédé" : découvrez l'histoire de ces insultes pour mieux les combattre », Jérémy Patiner, *Têtu*.

L’autodérision : une amulette de protection

Quand je me suis lancé sur les réseaux sociaux, j’avais peur d’être ridicule, mais je me suis toujours dit qu’on pouvait quand même en rire car, *spoiler alert*, le ridicule ne tue pas ! Le dicton est vrai, et le découvrir, c’est se libérer de la peur du regard des autres, mais aussi du regard négatif que l’on porte sur soi. Il se passe alors quelque chose de magique quand on n’a plus peur du ridicule : on fait tout simplement preuve d’autodérision, c’est-à-dire qu’on rit de soi au lieu de pleurer sur son sort.

L’autodérision est une amulette de protection. Je ne la contrôle pas, je la pratique sans m’en rendre compte depuis tout petit, comme si mon instinct prenait le dessus dans ces moments-là. Si je ris de moi-même, c’est pour que quelqu’un de malintentionné n’ait pas l’occasion de le faire. Je le fais avant toi, je te devance, c’est acté, c’est signé, bye !

Rire de ma différence physique et de mes traumas m’a aussi appris à mieux les accepter. Plus je rigole de moi-même, plus je m’aime, alors que d’autres ont essayé, essayent et essaieront toujours de me faire me détester. C’est la rigolothérapie, quoi ! Cela montre que ce n’est pas si grave d’avoir des nichons ou un double menton, et qu’on peut passer à autre chose à mon sujet.

Quand je me mets en scène, dans la vraie vie ou sur Internet, je garde le contrôle de cette autodérision. Je choisis les thèmes, le timing, la façon de dire, et donc de rire. Mais ce comportement peut avoir des effets pervers dans la vie quotidienne.

D’abord, je suis rarement crédible aux yeux des gens. Comme je passe mon temps à rire de tout et à faire rire, on me prend rarement au sérieux. Je ne suis pas un interlocuteur privilégié pour les conversations sérieuses, car tout est léger autour de moi — je suis déjà trop lourd.

L’autodérision me sauve, mais en même temps elle ouvre la porte à un comportement malsain : puisqu’ils me voient rire de moi-même, de mes nichons ou de mon double menton, les gens se disent qu’eux aussi peuvent y aller de leur petit commentaire sur mon physique ou ma santé mentale. Problème : ils ne me demandent pas mon avis. Là est la nuance, la ligne à ne pas franchir : j'ai le droit de rire de moi, mais cela ne donne pas aux autres l'autorisation de faire la même chose.

Ces limites avec l'autodérision, la comédienne et humoriste Hannah Gadsby en parle longuement dans son spectacle *Nanette* (sortez les mouchoirs si vous avez prévu de le voir, il est dispo sur Netflix). Ouvertement lesbienne, Hannah Gadsby a passé une partie de sa carrière d'humoriste à se moquer d'elle-même, comme le veut le stand-up. Dans *Nanette*, elle reprend cette formule, du moins pendant une partie du spectacle. Ensuite (désolé, je spoile un peu, mais regardez-le quand même !), elle change de ton.

Elle explique : « J'ai construit ma carrière sur l'autodérision et l'humour autodépréciatif, et je n'ai plus envie de ça. Est-ce que vous comprenez ce que signifie l'autodérision quand elle est produite par quelqu'un qui appartient déjà aux marges de la société ? Ce n'est pas de l'humilité, c'est de l'humiliation. Je me rabaisse pour avoir le droit de parler, pour obtenir le droit de parler. Je refuse de me plier à cela désormais. »

Elle s'interroge aussi : « Que n'aurais-je pas donné pour entendre une histoire comme la mienne ! Pour me sentir moins seule. Me sentir reliée au monde. »

Si j'écris ce livre, c'est aussi pour sortir de l'autodérision, des blagues et du rire. C'est pour montrer que moi aussi je peux parler de sujets sérieux, des épreuves que j'ai traversées et surmontées. On en revient là : aider celles et ceux qui souffrent de harcèlement, de grossophobie ou d'homophobie à se sentir moins seuls. J'ai besoin, sur les réseaux sociaux, de prendre du recul vis-à-vis de ces engagements politiques. Je n'ai parfois pas les épaules pour recevoir les témoignages qui viennent avec. Si j'en parle moins, c'est aussi parce que je ne souhaite pas être réduit à cela : je ne suis pas que gros, que harcelé… même si je ne suis pas à l'abri d'en parler à nouveau prochainement, notamment lors de la sortie de ce livre.

DEVENIR UN *SAFE PLACE*

Qu'est-ce qu'un *safe place* ?

Vous le savez désormais, l'école n'a jamais vraiment été mon endroit préféré sur terre. Ma chambre en revanche a toujours été mon sanctuaire et mon refuge. Mes réseaux sociaux allaient devenir la même chose. Instagram devient comme mon journal intime. Mes abonnés m'ont vu dans tous mes états. J'y exprime ma joie, ma colère et ma tristesse. Je partage des moments forts de ma vie, comme la naissance de mon neveu, le mariage de mes parents ou mon défi d'arrêter de fumer.

Quand ma vidéo de clope dans le menton devient virale, je suis suivi par cent mille personnes en l'espace de six mois. Tout de suite, je prends conscience que, derrière ce nombre, il y a de vrais êtres humains, avec leurs histoires de vie et leur individualité. Pour leur faire du bien et leur apporter du positif dans leur quotidien, je continue sur ma lancée : poster une vidéo tous les jours à 18 heures de façon à offrir un petit temps de répit à celles et ceux qui me suivent.

En parallèle, j'aborde dans mes stories des sujets plus intimes et plus sérieux. Je parle de tout, de santé mentale, de bien-être, et j'invite régulièrement mes abonnés à se confier comme moi je peux le faire. Je sais que la démarche est thérapeutique, pour eux comme pour moi. D'une certaine façon, on s'entraide, et c'est exactement la tournure que je souhaitais pour mon compte : être un *safe place*, ou « espace sûr » en français.

Les *safe places* sont à l'origine des lieux physiques où des personnes marginalisées, comme les femmes, les LGBTQ+ ou encore les personnes non blanches, peuvent se retrouver, le plus souvent en non-mixité choisie. Là, elles pourront échanger, partager des expériences et des points de vue en ayant la certitude d'être protégées de violences physiques ou verbales. Ces lieux peuvent être éphémères, créés pour une occasion particulière, par exemple lors d'un festival ou d'une manifestation, ou pérennes, comme un bar qui porte des valeurs d'inclusion ou le local d'une asso LGBTQ+[1].

Les *safe places* permettent aussi de protéger immédiatement des victimes en cas d'agression. Dans les campus aux États-Unis, les étudiantes et les étudiants ont dû mettre en place de tels lieux pour apporter une aide à leurs camarades trans ou aux femmes victimes de violences sexistes et sexuelles. Pour le psychiatre anglais Anthony Fry, ces espaces sûrs sont essentiels dans l'équilibre mental. Sans *safe place*, point de salut ?

Avec la montée en puissance des réseaux sociaux, il est, je crois, bon de proposer de tels endroits en ligne. Les propos violents, misogynes, racistes ou homophobes sont malheureusement encore légion sur Twitter, Instagram, Facebook ou encore TikTok. Avec mon compte, je mets une pierre à l'édifice de la lutte contre les discriminations. On peut rire de moi, oui, mais on ne peut pas rire des autres, et encore moins laisser de la place à la haine.

C'est d'autant plus légitime que, selon plusieurs experts interrogés par *le Monde*[2], les comptes Instagram dédiés à la santé mentale permettent de sensibiliser le grand public à ces thématiques et à leurs enjeux. Bien sûr, ils ne remplaceront jamais un accompagnement thérapeutique par une ou un professionnel de santé, mais ils permettent en tout cas de rendre le sujet plus accessible, de le dédramatiser et de faciliter ensuite, justement, l'accès aux soins.

À titre personnel, et surtout professionnel, mes réseaux sociaux sont aussi un *safe place* que j'ai créé pour moi-même. Étant mon propre patron, c'est à moi de décider quand je veux travailler, à quels horaires et quels jours. Je n'ai plus à subir la pression d'un supérieur hiérarchique, et encore moins le comportement problématique d'un collègue de travail.

1. « Qu'est-ce qu'un safe place ? », podcast *Zoom Zoom Zen*, France Inter https://www.radiofrance.fr/franceinter/podcasts/zoom-zoom-zen/zoom-zoom-zen-du-jeudi-15-septembre-2022-2264515.

2. « Instagram est le support parfait pour parler de l'anxiété, car on peut échanger avec les membres de sa communauté », Tiphaine Thuillier, *le Monde*, le 7 avril 2023.

Bien sûr, cela ne veut pas dire que mon quotidien est toujours rose. J'ai mon lot de défis et de challenges. Je dois faire face à certains aléas liés à ma vie d'influenceur (nous en parlerons dans quelques instants). Parfois, lire les témoignages de mes abonnés me fait mal au cœur. Incestes, viols, expériences de vie très dures…

Même à travers un téléphone, je fais preuve d'empathie. J'absorbe tout et je peux me sentir coupable de ne pas répondre à certains messages dans la foulée. Je me mets beaucoup de pression pour trouver les bons mots, car je ne peux pas faire celui qui n'a pas vu.

Même si c'est dur, cela me fait grandir et me forge à la gestion de ce genre de situations. J'apprends à avoir une conversation avec quelqu'un qui souffre de troubles du comportement alimentaire après avoir vécu un viol incestueux quand il avait huit ans, ou avec une femme que son mari fracassait devant ses gosses. Je dois faire des recherches sur ces sujets pour pouvoir répondre au mieux. J'apprends beaucoup et, grâce à toutes ces connaissances, je grandis et je consolide mon *safe place*.

Comment être son propre *safe place*

Après la théorie, place à la pratique ! Créer son propre *safe place* est à la portée de tout le monde. J'ai créé le mien (en ligne comme dans la vraie vie) avec tout ce que j'aime. Toutes les choses qui me font des papillons dans le ventre, je me les accorde.

Liste des choses que j'aime faire pour me ressourcer

- Chanter.
- Conduire ma voiture.
- Écouter mes morceaux préférés dans le noir, allongé sur mon lit.
- Essayer cinquante tenues d'affilée.
- Me cuisiner mon plat préféré : des pâtes aux crevettes et à la crème.
- Regarder mon film préféré : *Charlie et la chocolaterie*, de Tim Burton.

Ma recette des pâtes aux crevettes

- Je fais revenir dans une poêle un oignon dans de l'huile d'olive.
- Après avoir décortiqué les crevettes, je les balance dans la poêle avec de l'ail et du persil.
- Quand elles ont une belle gueule, j'ajoute de la crème liquide.
- Je lance la cuisson des pâtes, des spaghettis de préférence.
- En parallèle, je laisse à la crème le temps de réduire, et aux crevettes celui de bien s'imprégner de crème.
- Une fois que les pâtes sont cuites, je dresse le tout dans une assiette, j'ajoute un peu de parmesan, et c'est parti pour un petit moment de régalade !

Pourquoi se priver de ce qui nous fait du bien ?

Il n'y a vraiment pas de secret sur ce plan-là : toutes ces choses qui vous font du bien, il faut les faire ! S'accorder dans le quotidien ces moments pour soi est essentiel pour la santé mentale.

Un autre conseil pour créer son *safe place* : apprécier sa propre compagnie et chérir le fait d'être seul. Pendant longtemps, j'ai détesté être tout seul. Alors, pour changer cela, j'ai commencé à faire des trucs que j'aimais et, au fur et à mesure, j'ai commencé à être heureux de passer du temps avec moi-même. Avec les années, ces instants de bien-être en solitaire sont devenus très importants pour moi. Manger au restaurant et faire du shopping seul, regarder *Charlie et la chocolaterie* pour la millième fois, chanter dans ma voiture… C'est un plaisir, car il s'agit d'un moment pour moi et à moi.

J'applique sur mes réseaux sociaux ce que je fais dans la vie. J'y fais ce que j'aime : je suis les comptes qui m'inspirent, je parle des sujets qui me touchent, je chante dans ma salle de bains ou dans ma voiture les chansons de ma playlist personnelle.

Si je sais que ça me fait du bien, alors pourquoi m'en priver ?

Bien sûr, vous n'êtes pas obligé d'aller jusque-là : pas besoin de se montrer sur les réseaux pour être heureux ! En revanche, je vous invite à lister ci-dessous (ou dans votre téléphone) toutes ces grandes et ces petites choses qui allument la flamme à l'intérieur de vous. Revenez-y aussi souvent que vous le souhaitez pour vous accorder ces moments de plaisir rien qu'à vous et hors du temps. Des sortes de petits rituels à inclure dans votre quotidien pour, encore et toujours, favoriser votre bien-être.

Mes rituels

LES *HATERS* : UN PACKAGE À SUPPORTER ?

Le succès sur Internet : le retour des insultes

Je n'aurais jamais pensé devenir influenceur. Avec mon tempérament, quand j'ai commencé à poster mes toutes premières vidéos, je me disais : « Imagine, ça marche, imagine un jour t'as cent mille abonnés ! » Mais ce n'était qu'un rêve inaccessible. Je ne me sentais pas légitime. Sur les réseaux sociaux, j'avais l'habitude de voir cette culture de la beauté, du physique et de l'image. Et moi, j'arrive sur Insta avec mes trois mentons, mes 25 kilos de trop et ma guitare *la Reine des Neiges*. Ça n'a aucun sens, et pourtant c'est ça qui marche ! Les cent mille abonnés dont je rêvais sont là. Mais, avec eux, le reste du package de la petite célébrité sur Internet toque à ma porte virtuelle : les *haters* débarquent dans mes mentions, mes DM et ailleurs.

Sur Facebook, je découvre des gens de cinquante balais (et qui n'ont manifestement pas d'humour) commenter la vidéo d'un petit merdeux de dix-huit ans (oui, c'est moi !) en disant que ce qu'il fait, c'est « nul », c'est « de la merde ». Dans les commentaires, on s'attaque forcément à mon physique. Je prends conscience que, là aussi, le harcèlement va arriver. Je me dis que je n'ai pas le choix, que ça va avec le reste et qu'il faut donc me préparer.

Ça monte crescendo, mais ce n'est rien comparé à toutes les réactions positives… jusqu'à ce jour où un influenceur m'accuse de plagiat parce que j'emploie le même terme que lui dans une de mes vidéos, terme qu'il n'a pas du tout inventé, soit dit en passant. Pour m'attaquer, il demande alors à sa communauté d'aller insulter ce « gros lard ». Pour la première fois depuis que je me suis lancé sur les réseaux sociaux, depuis que j'ai décidé de m'y consacrer, je pleure derrière mon téléphone. J'hésite à tout supprimer, à disparaître. Je passe cinq jours à bloquer des comptes, à supprimer des commentaires, et je comprends que, là encore, je suis au milieu des requins et que je peux être la cible d'un cyberharcèlement violent et en meute.

Dans mon cas, le cyberharcèlement n'est pas continu, il se manifeste à des moments précis. Une autre fois, je lance un live sur Instagram. Après avoir fait mon coming out auprès de mes parents et de mes proches, je décide de le faire sur mes réseaux sociaux pour lever le tabou autour des thématiques LGBTQ+. Pendant que je parle à mes abonnés, je reçois des tonnes d'insultes homophobes. C'est horrible.

Le lendemain, je dépose une main courante au commissariat parce que j'ai peur d'être attaqué, physiquement cette fois, et qu'on me fasse du mal. À partir de ce moment-là, je décide de ne plus partager d'éléments concrets de ma vie sur Internet. Je comprends qu'on peut s'en servir contre moi, mais aussi contre mes proches.

16:27
4G 62+
BOUBOULE_42
Publications
bouboule_42
1:00
« Tes parents doivent avoir honte »
« Fdp de gros lard »
« J'espere que tu va mourir a cause de ton surpoids »
Voir les statistiques
Booster la publication

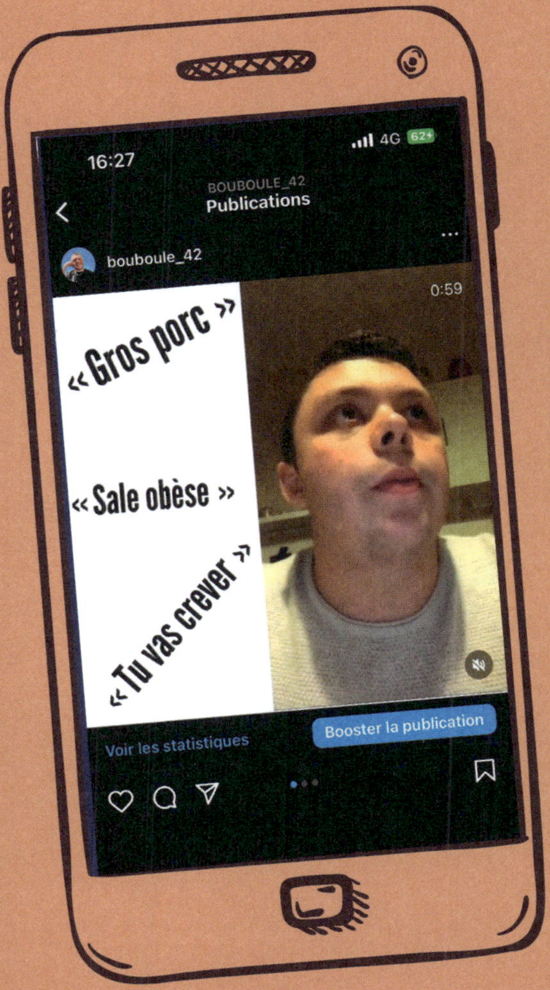
16:27
4G 62+
BOUBOULE_42
Publications
bouboule_42
0:59
« Gros porc »
« Sale obèse »
« Tu vas crever »
Voir les statistiques
Booster la publication

LE REGARD DE LA PSY

Pourquoi ce besoin de déverser sa haine en ligne ?

Internet apporte une certaine protection aux harceleurs grâce à l'anonymat. Avec la distance (physique et émotionnelle) imposée par les écrans, certaines personnes se permettent de faire ou de dire des choses en ligne qu'elles ne feraient pas ou ne dirait pas dans la vraie vie.

Si une personne ressent le besoin de faire du mal à autrui en ligne, c'est qu'elle ne se sent probablement pas bien dans ses bottes, mais cela ne justifie en rien les violences.

Notre inconscient et notre système nerveux ne font pas la différence entre ce qui se passe en ligne et hors ligne. Quoi qu'il arrive, c'est réel. Une attaque reçue en DM sur Instagram reste une attaque. Le détail qui change avec les réseaux sociaux et Internet, c'est que tout va très vite et très loin. La matérialité des propos tenus, comme des attaques ou des moqueries, rajoute de la violence. Avant, le harcèlement restait dans la classe de l'élève ou à l'échelle de son quartier. Aujourd'hui, les rumeurs ou les moqueries se propagent dans toutes les écoles autour et au-delà, multipliant ainsi l'humiliation causée aux victimes. Les conséquences d'un harcèlement en ligne sont donc les mêmes qu'un harcèlement en milieu scolaire ou au travail : création de traumatismes, peur de sortir de chez soi, maladies, dépression avec une phobie des réseaux sociaux...

Qu'est-ce que le cyberharcèlement ?

Comme le harcèlement tout court, le harcèlement en ligne, ou cyberharcèlement, se traduit par « le fait de tenir des propos ou d'avoir des comportements répétés ayant pour but ou effet une dégradation des conditions de vie de la victime. Cela se traduit par une dégradation de la santé physique ou mentale de la personne harcelée (anxiété, maux de ventre…)[1]. » Comme son nom l'indique, le cyberharcèlement s'effectue *via* Internet, sur Instagram ou un autre réseau social, un forum, un blog, etc.

Le cyberharcèlement ne se manifeste pas qu'avec des messages. Il peut prendre la forme d'un photomontage ou de vidéos. J'en ai également été victime *via* un compte Instagram au nom très inspiré et qui annonce la couleur d'emblée : « anti bouboule 42 ». La personne derrière ce profil s'amusait à poster des montages de ma tête sur de gros animaux, comme un éléphant ou un hippopotame. J'ai surveillé ce compte pendant plusieurs jours, puis est arrivé le moment où je l'ai contacté directement. J'ai expliqué à la personne derrière « anti bouboule 42 » qu'elle me faisait beaucoup de mal et que j'allais porter plainte le lendemain.

Car oui, le cyberharcèlement, comme le harcèlement, est un délit qui peut être puni de deux ans de prison et 30 000 euros d'amende. Les sanctions peuvent aller jusqu'à trois ans de prison et 45 000 euros d'amende si la victime a moins de quinze ans.

En réponse à mon message, j'ai reçu des messages vocaux d'un gamin de treize ans, en pleurs. Il m'expliquait qu'il voulait seulement faire rire ses copains. Il n'avait trouvé que ce moyen grotesque pour y arriver, avec l'espoir de se faire accepter. Face à la situation, je suis en état de choc. Je ne m'attendais pas du tout à être face à un ado en situation de détresse. Je comprends qu'on est dans le même bateau. Encore cette histoire de hiérarchie qui me poursuit. Un gamin me harcèle sur Instagram pour ne pas être le gamin harcelé à l'école. Suis-je condamné à cet éternel cercle vicieux ?

1. « Cyber-harcèlement (harcèlement sur Internet) », site de l'administration française https://www.service-public.fr/particuliers/vosdroits/F32239

Je passe alors une bonne partie de la soirée à parler avec lui, à lui expliquer pourquoi il ne peut pas poster ce genre de photomontages. Qu'il me fait du mal à moi, mais qu'il s'en fait aussi à lui-même. Il finit par me remercier, parce qu'il se sent différent et que ma vision des choses l'aide à y voir plus clair. Il se rend compte que l'on n'est pas obligé d'en arriver là pour se faire accepter. J'ai de la peine pour ce gosse, même s'il m'a fait beaucoup de mal. Malheureusement, je ne peux pas éduquer tout le monde. Je n'ai pas le temps, et je ne veux de toute façon pas l'avoir. Donc, la plupart du temps, je laisse couler. Pour pouvoir prendre part à ce genre d'échanges avec un harceleur, mieux vaut être dans les bonnes conditions, disposer d'un soutien extérieur, d'une bonne santé émotionnelle, etc. Autrement, la situation peut empirer.

En effet, même si le cyberharcèlement est condamné par la loi, les forces de l'ordre sont encore peu informées sur les ressorts de ces violences. Je suis allé porter plainte à deux reprises, mais à quoi cela a-t-il servi ? Comme dans le bureau du directeur du supermarché, je n'ai fait face qu'à de l'incompréhension ou à du mépris.

Mais il faut garder espoir. Les mentalités évoluent petit à petit, surtout ces dernières années, grâce à plusieurs affaires ayant été relayées par la presse. En décembre 2022, onze personnes ayant harcelé Eddy de Pretto après un concert donné dans l'enceinte de l'église Saint-Eustache en juin 2021 ont été condamnées à des peines de trois à six mois de prison avec sursis[1]. Plus récemment, c'est l'un des cyberharceleurs de la militante féministe Marie Laguerre qui a été condamné à quatre mois de prison avec sursis, assortis d'un stage de citoyenneté et d'une amende de 800 euros[2]. Le fait qu'Eddy de Pretto soit un chanteur reconnu et Marie Laguerre une personnalité féministe très suivie sur les réseaux sociaux a probablement joué dans ces rendus. On peut espérer que ces condamnations servent d'exemples…

1. « Cyberharcèlement du chanteur Eddy de Pretto : trois à six mois de prison avec sursis pour onze auteurs des faits », *le Monde*, 12 décembre 2022.

2. « Du harcèlement de rue au cyberharcèlement, une même misogynie », Florence Hainaut, *Libération*, le 17 mars 2023.

CHIFFRE CLÉ

60 % des jeunes âgés de 18 à 25ans
ont déjà été victimes de cyberharcèlement.

Source : sondage de l'institut Audirep pour l'association e-Enfance, publié en novembre 2022.

Revenge porn, deepfake : d'autres formes de harcèlement en ligne

Le harcèlement en ligne ne s'arrête pas à des photomontages, des commentaires ou des vidéos. Dans certains cas, il viole carrément l'intimité des victimes. C'est le cas avec le *revenge porn* (ou « porno divulgation », en français), cette pratique qui a pris beaucoup d'ampleur pendant le confinement en France. Elle consiste à publier ou à partager des photos intimes de la victime sans son consentement. En général, le *revenge porn* se manifeste après une rupture ou un conflit, d'où son nom, et il vise particulièrement les jeunes filles et les femmes[1]. Condamné par la loi, il reste, comme tous les délits dont nous parlons dans ce livre, un phénomène encore mal compris par les forces de l'ordre et par la justice.

1. « Le *revenge porn*, un fléau grandissant », *l'Effervescent*, le 22 avril 2022

CHIFFRE CLÉ

Plus de 95 %
des deepfakes sont à caractère pornographique.

« Avec les deepfakes, n'importe qui peut devenir un démon de la manipulation », Julien Marsault, *Usbek & Rica*, le 15 décembre 2019.

Avec les nouvelles technologies, il n'y a même plus besoin pour certains agresseurs de se procurer une photo ou une vidéo originale de leur victime, l'intelligence artificielle s'en charge elle-même. On appelle cela le *deepfake*. C'est à cause de cette technique de manipulation audiovisuelle récente (dont je vous épargnerai les détails dans ce livre) que le visage de certaines célébrités se retrouve sur le corps d'actrices de films pornographiques en pleine action[1]. Daisy Ridley, l'héroïne de *Star Wars, épisode VII : le réveil de la Force*, a été la première actrice connue à faire les frais de cette méthode. Conséquence ? Victime à plusieurs reprises de vagues de cyberharcèlement, elle déserte les réseaux sociaux. Il lui faudra plusieurs longues années avant d'y revenir, timidement, en avril 2022.

Il est intéressant de noter que la plupart des victimes de *revenge porn* et de *deepfakes* sont des femmes : actrices, activistes, journalistes qui défendent les droits des femmes ou des minorités, qui s'insurgent contre les violences qu'elles subissent… En retour, elles sont victimes de cyberviolences sexuelles. Objectif des agresseurs : les forcer au silence et leur imposer la honte du regard de la société. Si la moitié de la population ne peut plus s'exprimer sur Internet sous peine d'être la cible de violences, je vous laisse imaginer l'état des réseaux sociaux à venir.

1. « *Deepfake*, étiologie des pratiques de cyberharcèlement », CyberNeTic https://cyberneticproject.eu/fiches-techniques/deepfake

Comment se protéger de la haine sur Internet

Il existe plusieurs façons de réagir quand vous êtes victime de harcèlement en ligne. Réunir les preuves, les faire constater par un huissier, signaler la publication *via* le portail Internet du gouvernement, PHAROS[1], demander la suppression des documents compromettants, prendre un avocat et, enfin, porter plainte[2]. Ces démarches sont lourdes, longues, compliquées, et elles interviennent après les faits commis. Chaque situation étant différente, je ne peux pas vous conseiller une démarche à suivre claire et précise. Certaines personnes ne voudront pas porter plainte (et on peut les comprendre), tandis que d'autres voudront médiatiser leur histoire pour faire avancer les choses ou sensibiliser à grande échelle sur ce fléau.

De mon côté, je souhaite terminer ce chapitre en vous donnant des tips perso pour vous protéger en amont de la haine sur Internet. Que vous soyez ou non victime de harcèlement en ligne, ces conseils vous aideront peut-être à y voir plus clair dans votre feed et à ne plus vous sentir submergé par les violences qui peuvent exister, que vous en soyez témoin ou victime.

→ Conseil numéro 1 : vérifier ses données personnelles

Mieux vaut prévenir que guérir. Vérifiez sur vos différents profils et en faisant une simple recherche Google avec votre prénom et votre nom quelles informations personnelles à votre sujet sont disponibles. Si votre adresse ou votre numéro de téléphone sont accessibles au plus grand nombre, faites-les disparaître.

1. PHAROS = Plateforme d'harmonisation, d'analyse, de recoupement et d'orientation des signalements.

2. « *Revenge porn* : comment réagir si votre ex poste vos photos intimes sur le web », Benjamin Pierret, RTL.fr

→ Conseil numéro 2 : filtrer les mots

Les réseaux sociaux comme Twitter ou Instagram donnent la possibilité de filtrer les mots qu'on ne veut pas voir. Cela peut vous permettre de ne pas être spoilé du dernier épisode de votre série préférée, mais cela va surtout vous éviter de tomber sur une insulte à votre égard ou visant votre communauté.

Pour ma part, j'ai filtré toute une liste de mots, comme pédé, gros, sac, lard, cochon, porc...

→ Conseil numéro 3 : restreindre ses accès

Les paramètres des réseaux sociaux permettent de passer en mode privé (votre profil sera uniquement accessible à vos abonnés ou à vos amis), d'empêcher certains comptes de commenter vos publications, de vous envoyer des messages privés ou de vous identifier sur une photo. C'est très pratique en cas de raid, mais aussi en cas de menaces.

→ Conseil numéro 4 : télécharger Bodyguard

Cette application agit sur plusieurs réseaux sociaux (Facebook, Instagram, Twitch, Twitter, YouTube) et permet de filtrer (sans les supprimer) les contenus comportant des insultes, des menaces, etc.

→ Conseil numéro 5 : bloquer

Comme je l'expliquais, je ne peux pas prendre le temps de faire de la pédagogie avec toutes les personnes qui ont décidé de me harceler, alors j'ai trouvé une autre solution : je bloque. Et hop, on n'en parle plus.

→ Conseil numéro 6 : signaler

Dès que je croise un contenu problématique, c'est simple, je le signale, que j'en sois ou non la cible. Pour cela, c'est très simple, il suffit d'utiliser l'outil mis à votre disposition par le réseau social où le contenu problématique a été posté, ou encore de passer par la plateforme PHAROS du gouvernement. Quelques clics suffisent, et emballé, c'est pesé ! Malheureusement, on le sait, ce dispositif n'est pas parfait. Une cinquantaine d'agents seulement se partagent ces signalements, parmi lesquels on retrouve aussi des contenus pédopornographiques ou faisant l'apologie du terrorisme, des menaces[1]... Théoriquement, en cas d'infraction à la loi française, une enquête peut être ouverte, et les auteurs des publications concernées, retrouvés.

Même si cela n'aboutit pas tout de suite, ou même si cela n'aboutit jamais, je crois qu'il est quand même bon de signaler les contenus, de ne pas rester passif face à la violence que l'on croise sur les réseaux sociaux ou ailleurs. Ainsi, on ne pourra pas nous reprocher de n'avoir rien fait.

→ Conseil numéro 7 : ne pas répondre

Je sais, parfois ça nous démange. Quand une personne sort une méchanceté, une énormité ou un propos très violent, on a envie de la remettre à sa place bien comme il faut, mais il faut lutter contre cette envie car, lorsqu'on répond à la personne, on lui ouvre une porte qu'elle va s'empresser d'ouvrir, et ainsi de suite. Et puis, d'autres personnes vont débarquer. C'est sans fin. Mieux vaut prendre les devants et casser les échanges à leur source. N'hésitez pas à appliquer le conseil numéro 2 dans ces cas-là. Là, vous allez me dire « mais, Gaëtan, tu m'as raconté plus tôt que tu avais passé toute une soirée à échanger avec un collégien qui te harcelait en ligne », et vous aurez raison de me rappeler cet épisode (cela veut dire que vous suivez et lisez attentivement ce livre, j'en suis très heureux !). Dans ce cas, on était au-delà du message privé ou du commentaire déplaisant. Il s'agissait d'un internaute qui a été jusqu'à créer un compte Instagram pour me toucher, et qui l'a alimenté pendant des semaines. Forcément, j'ai dû prendre une décision pour que cela n'aille pas plus loin et que les violences s'arrêtent.

1. « Thésée et PHAROS : ces plateformes qui vous aident à lutter contre la criminalité sur Internet », *Bien vivre le digital*, 22 mars 2023.

⟶ Conseil numéro 8 : poser son téléphone

Plus facile à dire qu'à faire, je sais, mais quand vous sentez que votre téléphone ne vous fait plus de bien, c'est qu'il est temps de le verrouiller et de le poser. À la place, revenez à la liste des choses qui vous plaisent et qui vous font du bien, prenez un élément au hasard et faites-le ! Oui, je vous conseille de prendre la fuite, de sortir de la bulle d'Internet et de revenir dans la vraie vie.

⟶ Conseil numéro 9 : en parler

Le cyberharcèlement a beau être en ligne, ses conséquences sont bien réelles dans la vie des gens. Alors, pour ne pas rester seul, parlez de ce que vous traversez à un proche, à un psy ou à une personne écoutante formée à ces questions (*via* le 3018).

Un dernier point me paraît important à aborder sur le sujet du harcèlement en ligne. On m'a souvent dit que j'avais choisi de m'exposer, et donc qu'il était normal que je reçoive ce genre de commentaires. Or, m'exposer aux yeux du grand public ne donne à personne le droit de m'insulter. J'ai décidé d'être présent sur les réseaux sociaux, pas d'être menacé de mort, pas d'être victime de grossophobie, de harcèlement ou d'homophobie.

Nombre d'influenceurs partagent mon avis. J'admire notamment Marie Lopez, alias EnjoyPhoenix, qui a été l'une des premières à parler publiquement de tout ce qu'elle subissait en ligne et qui n'a jamais arrêté de parler librement. Encore récemment, elle confiait au magazine *Néon*[1] la façon dont les commentaires sur son physique l'avaient conduite à développer des troubles du comportement alimentaire. Elle racontait aussi jusqu'où les internautes étaient prêts à aller pour déverser leur violence. Ici, en l'occurrence, à envoyer par la poste des lames de rasoir à l'adresse de ses parents.

1. « "On m'envoyait des lames de rasoir dans des enveloppes" : EnjoyPhoenix dévoile les dessous de l'influence », *Néon*, le 9 septembre 2022.

LES INFOS UTILES !

BOÎTE À RESSOURCES

3018 : le numéro d'écoute national gratuit pour les victimes de cyberharcèlement, accessible 6 jours sur 7, de 9 heures à 20 heures.

Le service est également disponible sur 3018.fr par chat en direct, *via* Messenger et WhatsApp, ou en téléchargeant l'application 3018.

ASSOCIATIONS QUI LUTTENT CONTRE LE CYBERHARCÈLEMENT

Association e-Enfance

Stop Fisha

Génération Numérique

POUR ALLER PLUS LOIN

Combattre le cybersexisme, association Stop Fisha, éditions LEDUC

Internet aussi, c'est la vraie vie ! de Lucie Ronfaut-Hazard, éditions La Ville Brûle

Technoféminisme, de Mathilde Saliou, éditions Grasset

Mise à nu, téléfilm franco-belge réalisé par Didier Bivel

Je vois
la vie
en rose

6

ET SI ON ÉTAIT TOUTES ET TOUS PLUS GENTILS ?

I can buy myself flowers
Write my name in the sand
Talk to myself for hours
Say things you don't understand.
Miley Cyrus

SUR INTERNET

Mes anciens harceleurs dans mes DM : l'ironie du sort

Avec la distance des écrans, il est facile de tomber dans la haine gratuite et la méchanceté. C'est une habitude que je ne souhaite pas prendre. Pourtant, j'aurais pu me venger d'une partie de mes harceleurs lorsque je les ai vus débarquer dans mes mentions et dans mes DM Instagram après mon premier passage à la télévision, ou encore depuis que j'ai franchi la barre symbolique des cent mille abonnés.

« Ah, tu te souviens quand on était ensemble à l'école ? Bravo pour ce que tu fais, c'est génial ! » Oui, merci, je le sais, pas besoin de me le dire…

Je trouve cela fou de constater que des personnes qui m'ont méprisé dans la vraie vie puissent venir me parler derrière leur téléphone de cette façon. Je suis la même personne mais, à leurs yeux, j'ai plus de valeur et de crédibilité maintenant que j'ai des abonnés. Bonjour l'hypocrisie ! J'ai gravi les échelons de l'échelle sociale dans la hiérarchie des réseaux sociaux, ils me voient au-dessus d'eux et je trouve cela dommage.

C'est comme cela que j'ai compris qu'avoir des abonnés sur les réseaux sociaux change la perception que les autres ont de vous. Or, pour moi, une personne qui m'a manqué de respect IRL et qui vient me flatter plus tard en DM est un gros *red flag*. Je fuis ces gens car ils sont restés dans cette idée que la vie humaine se mesure à la popularité, au nombre de potes, de likes et d'abonnés.

De mon côté, je garde la même ligne de conduite qu'à mon habitude : je reste droit dans mes bottes, fidèle à qui je suis et, surtout, je n'insulte jamais personne. Il serait facile de me moquer, d'attaquer, de faire remonter le passé à ces anciens harceleurs qui viennent me demander des services, de la publicité... Je pourrais leur répondre un truc du genre « mdr, après tout ce que tu m'as fait ! 😜 », et les afficher à ma communauté.

En réalité, quand quelqu'un qui m'a harcelé me demande un service, je lui réponds tout simplement : « Non merci ! » Quelle joie d'avoir appris à dire non et, surtout, de pouvoir le faire ! Pour moi, il s'agit de la meilleure des réponses que je puisse leur donner. C'est très jouissif ! Je pourrais ne pas répondre, les ignorer, mais je veux leur montrer que j'ai vu leur message et que je peux décider de leur dire non. Les rapports de force sont inversés, je reste fidèle à qui je suis. Win-win !

Ma communauté : gentillesse et bienveillance

Je peux le dire : j'ai la chance d'avoir la communauté que j'ai. Je le répète mais, même si j'ai connu le cyberharcèlement, ce n'est vraiment rien comparé à l'amour et au soutien dont je dispose.

J'ai développé des liens très forts avec les gens qui me suivent, et je crois que c'est parce que, dès mes débuts sur Instagram, je me suis montré entier, sincère et authentique. Ma communauté me le rend bien. Elle sait qui je suis et, entre nous, il n'y a pas de tabous sur les sujets de société, bien sûr, mais aussi sur les émotions, comme la tristesse, la joie ou l'amour. Mes abonnés ne sont jamais gênés à l'idée d'exprimer de la gentillesse.

On a la communauté qu'on mérite. Cette phrase revient beaucoup, et je m'y reconnais entièrement parce que je donne aussi beaucoup de moi. Je réponds très souvent aux messages que je reçois par des vocaux. Je crois que la voix permet de tisser un lien plus fort entre deux inconnus et, lorsque je rencontre des abonnés dans la rue, je me dis souvent qu'ils ou elles auraient pu être des potes tellement on se ressemble !

Hello ! Juste pour te dire que j'adore tes storys où tu chante ! Cette pureté dans ta voix😱 😍 ça me donne le sourire à chaque fois ! Merci😇

Coucou je t'ai croiser un jeudi soir à sté mais j'ai pas oser venir te voir par peur de déranger, en tout cas j'adore ce que tu fais !

Viens on est cop's ?

T'es ma magie du matin ♡

Tu es génial.

merci pour ce rappel, de ne pas se prendre la tête pour des choses inutiles 🫶

Wow

on t'aime ma biche 💘💘💘

omg je t'ai vu j'ai pas osez de te demander une photo je suis rester bête continue ce que tu fait t'es exceptionnelle !! 😘

Tu es une perle rare sur TikTok, t'es un génie t'es vidéo que des masterclass, continue t'es incroyable

Mieux vaut être bouboule_42 que rien du tout 🧡🧡

Vraiment tu donnes le sourire continue tes vidéos vraiment big cœur sur toi . Tu me fait rire

Tu viens de me réchauffer le cœur avec ta voix douce et pour ça merci 🧡

LE REGARD DE LA PSY

Comment poser ses limites ?

Plus on travaille sur soi, sur la peur du conflit et sur l'estime de soi, par exemple, plus on va demander aux autres de nous respecter. Comment faire ? Le respect de soi vient de l'amour de soi. Quand on rencontre une nouvelle personne, on ne va pas l'aimer tout de suite, il faut du temps pour apprendre à la connaître. C'est la même chose avec soi-même. Il faut du temps pour apprendre à se connaître et à s'aimer. Ce travail passe par la prise de conscience, puis l'acceptation, de ses qualités, mais aussi de ses défauts. Le respect découlera naturellement de ce travail.

Mes amis sont toujours fascinés par la facilité avec laquelle je peux dire des choses positives aux gens que j'aime, mais aussi à celles et à ceux que je ne connais pas. Un jour par exemple, j'étais dans un bar et j'ai remarqué, assise à côté de moi, une fille très belle. Eh bien, je me suis tourné vers elle et je lui ai dit :

— Excuse-moi, est-ce que je peux te dire quelque chose ?
— Oui, bien sûr !

— Eh bien, je voulais tout simplement te dire que tu es très belle.
Voilà, bonne journée !

Lancer des compliments n'est pas courant, que ce soit en ligne ou dans la vraie vie, c'est pour cela que j'invite régulièrement les gens qui me suivent à me dire ce qu'ils ont envie de dire, que ce soit les belles choses qui leur arrivent ou les événements les plus difficiles… même si j'insiste peut-être davantage sur le partage du positif. Pourquoi ?

Parce qu'on a plus facilement tendance à parler d'un énervement ou d'un fait qui nous met en colère que d'un moment de bonheur. Comme s'il était impossible d'exprimer de la joie et de se sentir heureux alors que le monde qui nous entoure est plein d'atrocités. Pourtant, c'est génial d'être heureux et bien dans ses pompes, en particulier dans ce monde. Je crois qu'il faut partager son bonheur, parce que, quand on en parle, on le propage d'une certaine façon !

En tout cas, c'est ma façon de voir les choses : j'essaie au quotidien de propager le bien pour que les gens le ressentent aussi. Voilà où se situe ma victoire sur les réseaux sociaux, même si on m'a déjà reproché d'être trop solaire ou trop heureux. On dirait que les gens ne sont jamais contents : pour eux, on aime trop la vie ou on fait trop la gueule… Dans ce cas-là, comme c'est perdu d'avance, autant choisir d'être du bon côté de la balance et de cultiver la gentillesse, la bienveillance et la tolérance.

Comment être plus gentil sur Internet

La gentillesse sur Internet, ça se travaille. On pourrait penser que cette qualité humaine a toute sa place sur la Toile, et c'est vrai : il existe tellement d'outils numériques qui favorisent la gentillesse qu'il n'est pas possible de tous les citer ici. Sur les forums, des inconnus s'entraident quotidiennement sur des thématiques précises, échangent des bons plans ou partagent leurs expériences avec le plus grand nombre, souvent gratuitement, pour le bien commun. Il n'existe pas de bouton « Je n'aime pas » sur Facebook. C'est grâce à Internet que l'on peut héberger des voyageurs inconnus et leur proposer son canapé pour la nuit (je parle ici du site CouchSurfing) ou que l'on peut faire don de vêtements et d'objets qu'on n'utilise plus (l'application Geev).

Malgré ces belles valeurs, Internet regorge aussi de haine, de colère et de méchanceté, surtout sur les réseaux sociaux, où sont favorisés ces émotions et ces comportements. C'est facile à constater : les contenus qui expriment une indignation ont plus d'engagement (de likes et de commentaires) que les contenus plus positifs. Alors forcément, grâce au shoot de dopamine qu'offrent ces contenus, on veut en publier d'autres et d'autres et d'autres encore, surtout s'ils génèrent de l'audience, et donc potentiellement de l'argent pour les plus suivis.

Cette observation a été confirmée par une étude menée par des chercheurs et une chercheuse de l'université Yale[1], aux États-Unis. Cette étude a montré que les likes, les commentaires et autres récompenses reçus après une publication liée à une indignation, à de la colère ou à de la méchanceté renforcent l'envie de recommencer à s'indigner, à se mettre en colère ou à exprimer de la méchanceté. Le cercle vicieux de la haine peut commencer. De plus, s'ils suscitent davantage notre attention, les contenus haineux sont également la poule aux œufs d'or des réseaux sociaux, et notamment de Facebook.

1. « How social learning amplifies moral outrage expression in online social networks », William J. Brady, Killian McLoughlin, Tuan N. Doan, Molly J. Crockett, *Science Advances*, le 13 août 2021.

En 2021, la lanceuse d'alerte Frances Haugen avait en effet révélé au *Wall Street Journal* que le géant du web mettait consciemment en avant ce type de publications car elles étaient tout simplement les plus rentables pour la plateforme. Qu'elles manquent de respect à des individus ou qu'elles diffusent de fausses informations ne l'inquiétait pas plus que ça.

Alors, pour ne pas tomber dans le jeu des plateformes, préserver sa santé mentale et celle des autres, apprenons tous et toutes à cultiver la gentillesse sur Internet, et plus particulièrement sur les réseaux sociaux. Pour l'ONU, il s'agit même d'un combat essentiel. Dans ses vœux pour l'année 2023, le haut-commissaire des Nations unies, Volker Türk, a fait remarquer que, sur le web, des sujets engagés tels que les droits des femmes ou la lutte pour l'environnement étaient en danger. « Mon espoir […] est que nous menions nos vies, individuellement et collectivement, avec gentillesse, empathie et unité, dans nos relations les uns avec les autres », a-t-il exprimé dans un communiqué.

Mes comptes/ profils *feel good* préférés

Les comptes que je suis et que je préfère sont tenus par des personnalités qui mettent des mots sur tout, qui cultivent leur humanité et qui partagent les bons moments comme les moments plus difficiles.

Un compte qui ne poste que des contenus de paysages ensoleillés, de vacances et de dîners aux chandelles ne m'intéresse pas. J'ai l'impression d'avoir affaire à des robots.

Mes conseils perso
pour cultiver la gentillesse sur Internet, et notamment sur les réseaux

- Suivez des comptes et des profils qui vous tiennent à cœur et vous font du bien.
- Quand vous écrivez à quelqu'un, commencez par « bonjour » et exprimez-vous poliment, comme vous parleriez à votre boulangère.
- Réagissez aux contenus qui vous parlent en prenant le temps de détailler votre pensée et en disant en quoi ça vous a aidé / fait du bien / appris quelque chose.
- Évitez de réagir à chaud sur un contenu ou un fait qui vous met en colère.
- Envoyez un petit message de soutien quand une personne que vous suivez partage une forme de mal-être ou un événement négatif.
- Arrêter de lire, de liker et de commenter les publications qui cultivent la haine, le ressentiment et la négativité.
- Désabonnez-vous des comptes qui ont un impact négatif sur vous.
- Comme Selena Gomez, éloignez-vous des réseaux sociaux si vous en ressentez le besoin.
- Faites des compliments sans modération.

AVEC LES AUTRES

On ne naît pas méchant, on le devient

Vous le savez, j'ai ce petit côté naïf qui me fait voir la vie en rose bisounours. Pour moi, on naît forcément bon, et c'est avec les années et le vécu que l'on se forge. On est façonnés dès l'enfance, notamment par nos parents, qui nous inculquent des valeurs et des principes que l'on entretient (ou pas !) au fil du temps. La méchanceté entre en compte là-dedans.

Prendre conscience de tout cela me soulage beaucoup. Je me dis qu'il reste de l'espoir pour que les gens changent. Rien n'est une fatalité, encore moins la méchanceté. Car il en faut de l'énergie pour être quelqu'un de mauvais ! Je suis sûr qu'on peut inverser la tendance une fois qu'on se rend compte qu'il est plus simple d'être gentil, d'être bon. J'ai croisé des humains horribles, mais je n'ai jamais réussi à me dire qu'ils étaient foncièrement méchants. J'ai rencontré des gens qui ont essayé de m'écraser, mais, vous savez quoi ? j'ai de la peine pour eux car, à l'intérieur, c'est un combat continuel. Je me dis que j'aimerais tellement prendre sur mes épaules ce qui leur arrive pour qu'ils comprennent que la vie est belle.

Casser la haine de l'autre (et la sienne)

Une fois que l'on prend conscience que les gens ne naissent pas méchants mais qu'ils le deviennent à cause d'une cassure ou d'un traumatisme, il est plus facile de faire la part des choses quand on est victime de ces personnes-là, que ce soit à l'école, au travail ou sur Internet. Cela peut aussi aider à se comprendre soi-même : pourquoi ai-je été agressif avec telle personne alors qu'elle ne m'a rien fait ? Qu'est-ce que ça vient titiller chez moi ? Mon manque de confiance en moi, peut-être ? Mes aspirations dans la vie ? Mon manque d'estime ?

Je ne dis pas que c'est facile. L'autre jour, par exemple, un homme m'a reconnu dans la rue et m'a traité de « sale gros » et de « pédé ». J'ai réagi de façon virulente. Je le regrette. Dans ces moments-là, j'aimerais pouvoir réagir autrement, propager du love. Ce n'est pas une chose facile, mais c'est pourtant essentiel de casser la haine de l'autre, de l'étouffer, ne plus lui donner de raison de vivre.

On est tous humains : le droit à l'erreur

Je partage la table d'un de mes anciens harceleurs du lycée. On est devenus proches par l'intermédiaire d'autres amis. Le temps a passé, on a pris le temps de se découvrir et de s'apprécier. Je n'arrive pas à être rancunier, mais, quand on s'est revus et qu'on a commencé à se fréquenter, je n'ai pas eu de mal à lui dire ce que j'avais vécu, ce qu'il m'avait fait subir et combien j'en avais souffert. Face à moi, j'ai découvert une personne qui avait compris ce qu'elle avait fait et qui m'a demandé pardon. Mais pour moi, il n'y a pas de pardon à accorder, juste un merci de m'avoir permis de devenir qui je suis aujourd'hui. Merci aussi d'avoir changé et de nous permettre, ensemble, de ne cultiver aucun ressentiment, aucun esprit de vengeance. Nous n'avons pas le temps pour ça !

LE REGARD DE LA PSY

Comment ne pas se laisser submerger par la colère ?

« S'accrocher à sa colère, c'est comme boire du poison et attendre que l'autre personne meure », aurait dit Bouddha. Quand on garde de la rancœur ou de la haine, on se fait plus de mal à soi qu'à l'autre. Aller au-delà revient à se libérer soi-même et à s'apaiser de ces émotions négatives, mais aussi à enlever le pouvoir que l'autre a sur soi. Comment briser le cercle de la violence ? C'est là que le travail thérapeutique peut se révéler utile, car une réaction virulente dans le présent fait souvent appel à un événement du passé. La thérapie reste le lieu où l'on est écouté inconditionnellement tout en sachant qu'on aura de l'empathie en retour. C'est un lieu où les traumatismes peuvent être écoutés, traités et débloqués (par une thérapie verbale et/ou corporelle).

Si je suis en paix avec moi-même et que quelqu'un que je ne connais pas m'insulte dans la rue, je vais forcément me mettre en colère, car la colère est une émotion qui nous indique que nos limites n'ont pas été respectées. Il faut donc les mettre en place *via* une colère dite saine : on exprime calmement ce que l'on ressent et ce dont on a besoin. On est bien loin de l'image de la colère dans notre société, où les gens crient, tapent du pied et sont dans la violence.

Envie de tester ?

Un acte de gentillesse par jour

De façon très consciente et pendant une semaine, réalisez un acte de gentillesse par jour. En plus de faire du bien autour de vous, vous allez voir que ces gestes bienveillants vont vous procurer du bien-être à vous personnellement. Consignez ces actes dans un carnet ou dans une note de votre téléphone. Notez tout ce que cela vous apporte, et renouvelez l'expérience sans modération !

Idées d'actes de gentillesse à piocher et à compléter

✓ tenir la porte à un inconnu
✓ laisser passer les piétons
✓ porter les courses d'une personne âgée
✓ aider quelqu'un à traverser la rue
✓ offrir un bouquet de fleurs
✓ laisser sa place dans le bus ou le métro à quelqu'un
✓ sourire à son voisin de file d'attente
✓ encourager un proche dans une activité
✓ donner son sang
✓ complimenter avec sincérité
✓ ...

Certaines personnes ont du mal à comprendre mon point de vue. Par exemple, lors d'une soirée surprise que mes amis m'ont organisée pour célébrer mes trois cent mille abonnés sur TikTok, mes parents, qui étaient également conviés, ont sans le savoir commencé à parler avec ce fameux garçon. Ils ont bien accroché, et je les ai laissé discuter tranquillement. Le lendemain, j'ai dit à mes parents avec qui ils avaient parlé. Mon père m'a tout de suite répondu que j'aurais dû leur en faire part la veille. « Si j'avais su, je lui aurais demandé pourquoi il a fait ça ! » Mais non, ce n'est pas comme cela que je vois les choses. « Tu sais, si moi je te dis que c'est OK avec lui, c'est que c'est bien OK avec lui. Parce qu'il n'y a que les cons qui ne changent pas. À l'époque, il était immature, il m'a présenté à plusieurs reprises ses excuses, je ne vais pas sans cesse l'accabler avec cette histoire. Qu'est-ce que je peux lui demander de plus ? Je ne vais pas devenir celui qui le tyrannise devant tout le monde à mon tour ! Lui reprocher ses actes passés, c'est remuer le couteau dans la plaie alors qu'il a tout fait pour changer. Il a fait son mea culpa, on n'a pas besoin de lui jeter des pierres à la tête. Si la personne a compris ce qu'elle a fait, a présenté ses excuses, on n'a pas besoin de revenir sur le sujet jusqu'à la fin de sa vie. »

Ne pas entretenir la rancœur, c'est une manière pour moi de statuer que n'importe qui peut changer et se rendre compte qu'à un moment de sa vie il n'a pas été cool. Encore une fois, on n'est pas à l'abri que les gens se rendent compte du mal qu'ils ont fait, et qu'ils fassent tout désormais pour être de meilleures personnes.

AVEC SOI-MÊME

Aimer la vie et s'aimer soi-même : le mantra qui me guide

Il est arrivé un moment dans ma vie où j'ai compris qu'il fallait que je sois gentil avec moi-même pour pouvoir être gentil avec les autres. Si je me déteste, je ne peux pas aimer pleinement les gens, c'est impossible ! Alors il est important de bien se traiter, de pratiquer le *self-care*, mais aussi le *self-love*. Derrière ces grands mots à la mode se cachent en fait de véritables engagements intimes et politiques.

Signifiant littéralement « soin de soi », *self-care* est un terme né aux États-Unis, où tout citoyen et toute citoyenne doit « être capable de prendre soin de lui ou d'elle-même » et de « prouver à la société qu'il ou elle peut le faire[1] ». Grosse pression… mais nécessaire car, dans les années 1970 et 1980, le *self-care* s'est imposé dans la scène militante, notamment du côté des activistes féministes et antiracistes. Pour l'autrice américaine Audre Lorde, « prendre soin de moi n'est pas du narcissisme, c'est une manière de me préserver, et c'est un acte de combat politique », déclarait-elle en 1988. Plus tard, en 2014, elle emploie le terme *self-care* en affirmant que celui-ci « doit être incorporé dans tous nos efforts. C'est quelque chose de nouveau que j'ai appris grâce aux jeunes générations ».

Pour pratiquer le *self-care* et le *self-love*, chaque individu aura sa façon d'agir. Miley Cyrus s'offre des fleurs et se tient elle-même la main, tandis que, de mon côté, tout a commencé face à un miroir.

1. « Bien-être : pourquoi vous devriez vous mettre au *self-care* », Marie Zafimehy, RTL.fr, le 9 novembre 2018.

Un soir, je me pose devant mon reflet. Je suis en train de pleurer et je me regarde. Pour m'encourager et aller mieux, je m'oblige à me trouver deux qualités. Drôle et gentil. C'est peu de qualités, mais c'est suffisant pour sécher mes larmes. Le lendemain, je recommence an ajoutant une qualité, et ainsi de suite. Les jours passent, et je me trouve de plus en plus de qualités. Je suis attentionné et sincère, honnête, soucieux des autres, mais aussi passionné ! Je ne suis pas si nul que ça, en fait ! Parfois, je me déshabille et je me regarde nu. Face à ce miroir, je me dis que, j'aime bien me voir et me comprendre. Petit à petit, je prends confiance en moi. Je me dis : « Ouais, tu t'aimes bien ! Je m'aime bien ! On s'aime bien ! » Essayez, vous aussi, vous verrez ce que cela vous apporte.

Envie de tester ?

La liste de mes qualités

À vous de jouer, notez ici toutes vos qualités au fur et à mesure du mois suivant la lecture de ce livre. Effet positif garanti !

....
....
....
....
....
....

Depuis, j'ai l'impression que je n'en ai jamais assez ! Je ne cesse de me lancer des fleurs et de me féliciter dès que j'accomplis quelque chose de bien. Je le dis à haute voix : « Bravo, Gaëtan, t'as réussi à monter sur la scène de l'Olympia, tu n'as pas fumé de cigarettes aujourd'hui, t'as combattu tes crises de boulimie et t'arrives à sourire tout le temps, à aimer être vivant ! » Je me complimente et m'encourage pour que personne d'autre n'ait à le faire et, surtout, pour ne pas compter sur les autres pour le faire. Allez-y, essayez, complimentez-vous aussi pour voir !

Je ne compte pas non plus sur les autres pour me faire des cadeaux. Ce que je préfère : m'offrir du parfum, des vinyles, mais aussi des restos en tête-à-tête avec moi-même. Je me prépare, je m'habille, je me fais beau et je sors déguster un bon petit plat. Même chose pour le shopping : je fais mes courses seul, car personne ne peut me donner son avis. Si j'aime, j'achète. *I see it, I like it, I want it, I got it…*

Toutes ces petites choses qui me font du bien jalonnent désormais mon quotidien, à vous de trouver les vôtres et d'y aller à votre rythme.

Envie de tester ?

Les mantras

Les mantras sont, à l'origine, des phrases sacrées que l'on retrouve dans plusieurs religions, comme le bouddhisme ou l'hindouisme. En Occident, on les utilise dans les méditations ou pour se donner du courage. J'ai adapté mes mantras à ma personnalité. Ce sont des phrases que j'aime me répéter pour apprendre à m'aimer et à me donner du courage. Celle que je préfère le plus est proche du narcissisme, je le reconnais, mais elle a un véritable pouvoir sur mon moral : « Je suis beau, fort, et je ne crains plus rien. » Pour moi, c'est un coup de boost instantané ! À vous de créer les vôtres ou d'aller piocher dans ceux qui pullulent sur Internet et les réseaux sociaux. Attention cependant, comme tout outil, les mantras ne sont pas magiques. Selon des études scientifiques, ils fonctionneraient sur 50 % des gens environ[1].

S'aimer soi-même : un long processus de guérison

Bien sûr, il y a encore des jours où je ne m'aime pas. Alors, dans ces cas-là, j'évite de voir mes proches parce que je sais que je vais leur imposer du négatif… et parce que je vais placer mon amour-propre dans le regard des autres. Cette posture peut être dangereuse à long terme, surtout quand elle devient indispensable, car tu n'existes plus sans les

1. « Le bonheur est dans le mantra », Julie Rambal, *le Temps*, le 11 octobre 2016.

autres, tu n'es plus rien, tu n'as plus d'identité. Le retour à la réalité, seul avec soi-même, ne pourra être que brutal et douloureux. Si les autres te privent de leur amour et que tu es bien dans ta peau, tu ne seras pas en carence. Il te restera, pour toujours, l'amour que tu te portes à toi-même.

On en revient à cette idée : il faut être bien avec soi-même pour être bien avec les autres. Pour apprécier la compagnie d'autrui, il convient d'apprécier sa propre compagnie. C'est bien pour cela que je m'accorde des sessions shopping avec moi-même ou que je m'invite au restaurant : je sais que je suis capable d'apprécier ces moments sans mes proches. Je n'ai pas besoin de quelqu'un, un ami ou un partenaire amoureux, pour passer du bon temps.

Cet apprentissage ne se fait pas en un claquement de doigts. Pour ma part, j'y ai travaillé tout un été, entre le collège et le lycée. J'étais pourtant très entouré par mes amis, mais j'ai préféré me détacher d'eux pour me retrouver seul, faire le point et apprendre à m'aimer. J'ai passé beaucoup de temps avec ma famille cet été-là, mais j'ai aussi appris à m'occuper des journées entières sans personne. Qu'est-ce que je faisais ? Je réfléchissais, j'écoutais de la musique et je me promenais dans la nature. Je me suis responsabilisé pour ne plus dépendre des autres pour mes sorties et mes loisirs, et je dois dire que cela a été très bénéfique !

Cette solitude choisie m'a permis d'apprendre à m'aimer et à me suffire à moi-même. C'est la vision que partageait l'actrice britannique Emma Watson lorsqu'elle affirmait à *Vogue* en décembre 2019 être *self-partenered* : « Je n'ai jamais cru au discours sur le bonheur d'être célibataire. Je me disais : "C'est vraiment du baratin." Cela m'a pris du temps, mais maintenant je suis heureuse [d'être célibataire]. J'appelle ça l'autopartenariat.[1] » Un drôle de concept, mais qui a du sens à l'heure où les femmes sont encore pointées du doigt pour un célibat jugé tardif. De mon côté, je rêve de me marier avec moi-même à Las Vegas ! Je veux me mettre l'alliance devant Marilyn ou Elvis, je ne sais pas encore, mais je sais que je veux le faire ! Depuis que je m'aime, j'aime encore plus les gens, car je n'ai plus besoin de leur accord et de leur avis pour vivre.

1. « From The Archive: Emma Watson On Transcending Child Stardom », Paris Lees, *British Vogue*, avril 2022.

Ma routine bien-être

Matin : choisir des vêtements que j'aime.

Fin de matinée : chanter dans ma voiture « Flowers » de Miley Cyrus.

Midi : *date* avec moi-même au resto, puis rituel café-discussion avec ma mère sur le balcon.

Après-midi : psy.

Fin de journée : badminton.

Soirée : danser dans ma chambre pendant 10 minutes.

Le travail thérapeutique

Souvent, quand je raconte mon histoire, je dis que je ne changerais rien, sauf un détail : celui d'être suivi par un thérapeute. Je crois qu'être accompagné m'aurait permis de mieux traverser certaines étapes de ma vie, de développer plus tôt tous les outils que j'ai mis en place instinctivement dans ma vie. Ma confiance en moi et mon estime de moi auraient peut-être été moins ébranlées.

Il m'a fallu plusieurs années avant de passer la porte d'un professionnel de la santé mentale. Même quand j'étais sur la scène de l'Olympia pour parler de ce sujet, je n'avais jamais été en consultation. Ma santé mentale, je l'ai beaucoup négligée, c'était le point noir de ma vie et ce qui me manquait pour être à 100 % épanoui. Ce n'est pas parce que je n'ai jamais voulu mourir que je n'avais pas besoin d'aller poser mes fesses sur le fauteuil d'un psy. Je l'ai enfin compris, et je le partage ici.

Début 2023, je me rends compte qu'il est désormais indispensable que je commence ce travail thérapeutique : je suis sur le point de repasser du côté obscur, celui où je me déteste, où je ne supporte plus de me voir dans le miroir, où les pensées intrusives qui me demandent de me taire reviennent à la charge dans ma tête. Il faut que j'extériorise ce mal-être et, pour cela, il faut que je trouve de l'aide.

Le jour de ma première séance, j'arrive dans le cabinet du psy en ne sachant pas trop ce que je vais bien pouvoir lui raconter. Finalement, je me rends compte qu'il y a plein de sujets à aborder ensemble et que parler à quelqu'un qui ne me connaît pas est libérateur. Après cette première séance, je sens que quelque chose a déjà changé en moi, dans ma façon de voir mes failles. Je comprends qu'on peut mettre des mots sur tout, et cela me permet de dédramatiser ce que j'ai subi dans ma vie. Ces mots qui m'ont tant blessé, justement, ne disent rien de moi ni de qui je suis.

Bilan quelques mois plus tard : je suis content d'avoir poussé la porte de ce cabinet une première fois, puis toutes les autres ! Ce suivi psychologique m'aide énormément. Comme beaucoup de choses que je fais au quotidien, c'est un temps que je prends pour moi et qui, je le sais, va m'amener à m'aimer encore plus ! Je n'ai jamais aussi bien compris que prendre soin de sa santé mentale, c'est prendre soin de soi aussi.

Désormais, je me félicite à chaque fois que je me rends au cabinet du psy, car je suis fier d'avoir la force psychologique d'aller me confronter à mes failles. C'est tellement bon de ressentir cette fierté, tellement bon de prendre soin de sa santé mentale !

À NOTER DANS SON AGENDA

Le 3 novembre : journée de la gentillesse

LE REGARD DE LA PSY

L'importance d'un accompagnement thérapeutique

Il est important, pour tout individu, de savoir qu'il peut recevoir de l'aide, et surtout qu'il en a le droit. Certaines victimes vont rester dans ce statut de victime, tandis que d'autres vont affirmer pouvoir « gérer » seules. Pourtant, apprendre à faire confiance et à s'ouvrir à l'autre fait justement partie du travail thérapeutique.

On a tous et toutes nos parts d'ombre. Le travail thérapeutique permet aussi de les pointer du doigt, alors qu'on les éviterait sans ce regard extérieur. La thérapie n'est pas toujours un endroit confortable, mais elle nous aide, à terme, à y voir plus clair.

Good vibes

CONCLUSION

Comme je le pressentais, écrire ce livre a été un véritable travail thérapeutique. Cette introspection, qui s'est étalée sur plusieurs mois, m'a obligé à remonter jusqu'à des événements marquants de ma vie, à les regarder et à les mettre par écrit pour en tirer une leçon, un conseil ou un propos ludique et explicatif sur tout ce qui est lié au harcèlement, qu'il soit scolaire, au travail ou en ligne. Il s'agit là de l'aboutissement de toutes ces années d'écriture à la volée, de toutes ces pages de classeur, ces feuilles blanches et ces notes de téléphone perdues ici ou là. Les paroles s'envolent, mais les écrits restent, et pour moi ce livre représente une forme de point final à toutes ces années de souffrance. Je peux enfin les mettre derrière moi.

En revivant mon parcours pour le raconter ici, j'ai aussi ressenti de la colère. C'est une réaction normale face à la prise de conscience de ce qui s'est passé pour moi et de ce qui continue de se passer dans les cours d'école, entre les murs d'un bureau ou dans les messages privés de célébrités des réseaux sociaux ou de parfaits inconnus. Ressentir cette colère est légitime : je n'ai pas envie de mettre sous le tapis cette réalité et d'être dans le déni.

On croit souvent que guérir du harcèlement signifie ne plus rien ressentir à propos des violences dont on a été victime, mais je sais aujourd'hui que ma guérison passe par l'expression de mes émotions. Parmi celles-ci, on retrouve la colère, mais aussi la joie d'être en vie et de pouvoir m'exprimer comme je le souhaite dans ce livre, sur mes réseaux sociaux et dans la vraie vie !

Car, malgré ce que j'ai subi, je n'ai pas perdu mon humanité. Les harceleurs n'ont pas réussi à atteindre ma joie de vivre ! Aujourd'hui, je peux avancer avec cette certitude : quoi qu'il m'arrive — et on ne sait pas de quoi la vie sera faite —, je sais que personne n'arrivera jamais à m'éteindre. C'est certifié, et cela me permet de me sentir plus vivant que jamais !

Me voici prêt à fermer un chapitre de mon histoire. C'est la naissance d'un nouveau Gaëtan. Pour moi, il y a un avant et un après ce livre. J'espère que pour vous aussi.

Gaëtan

CITATIONS

Chapitre 1, page 9
Message de Lady Gaga posté sur Twitter le 23 décembre 2016.

Chapitre 2, page 39
Lettre de Louane pour *Origines Média*, le 22 décembre 2022.

Chapitre 3, page 77
« Chéri, je suis désolée (je ne suis pas désolée) / Je me sens inspirée parce que la roue a tourné / Ouais, je suis incendiaire et je sais que ça brûle », Demi Lovato, « Sorry Not Sorry », *Tell Me You Love Me*, 2017.

Chapitre 4, page 107
« Je cherche la motivation / Je cherche une nouvelle fondation, ouais / Et je suis sur cette nouvelle vibration / Je construis ma propre fondation », Beyoncé, « Break My Soul », *Renaissance*, 2022.

Chapitre 5, page 135
« Quand le soleil brille / Nous brillerons ensemble / Je t'ai dit que je serai présente avec toi pour toujours / Que je serai toujours ton amie / J'ai fait le serment que je resterai fidèle », Rihanna, « Umbrella », *Good Girl Gone Bad*, 2007.

Chapitre 6, page 165
« Je peux m'offrir des fleurs / Écrire mon nom dans le sable / Me parler pendant des heures / Dire des choses que tu ne comprends pas », Miley Cyrus, « Flowers », *Endless Summer Vacation*, 2023.

REMERCIEMENTS

À travers ces lignes, j'aimerais dans un tout premier temps remercier Arièle, sans qui ce projet n'aurait jamais vu le jour. Arièle, de tout mon cœur, merci !

Un immense merci à ma maison d'édition, Solar, ainsi qu'à toutes les équipes mobilisées pour ce projet.

Merci à Catherine, la photographe qui m'a sublimé.

Merci à vous, mes abonnés, ces humains qui me suivent et me font confiance, vous êtes précieux pour moi.

J'aimerais aussi dire merci à mes parents, Nathalie et Francis, qui avec tout leur amour m'ont aidé à être celui que je suis aujourd'hui.

Merci à mes frères, Michael et Lorenzo, d'être ce qu'ils sont pour moi.

Merci à ma famille du nord au sud de toujours m'encourager.

Ensuite, j'aimerais remercier chaleureusement mon équipe, Sœurette Productions, qui m'accompagne dans ce projet et tant d'autres.

Je voudrais dire merci à mes amis, mes vrais amis, que je ne citerai pas mais qui savent à quel point je les remercie de m'aider à devenir la meilleure version de moi-même.

J'aimerais me remercier moi-même d'avoir été fort, et toujours vivant, pour partager avec vous ce gros morceau de moi.

Direction : Didier Férat
Direction éditoriale : Lama Younès-Corm
Graphisme : Julia Philipps
Photogravure : Chromostyle
Correction : Chloé Chauveau
Fabrication : Laurence Duboscq
Set design : Amélie Callier
Photos des entrées de chapitre : Catherine Delahaye Samson

«Le regard de la psy» : avec la participation de Gretchen Jakub, psychothérapeute

ISBN : 978-2-263-18399-7
Code éditeur : L18399
Dépôt légal : août 2023
Imprimé en France par Estimprim
ZI la Craye, 25110 Autechaux